邮票图说

中国故事与传说

林　轩　毕晓光　编著

科学普及出版社

·北　京·

图书在版编目（CIP）数据

邮票图说中国故事与传说／林轩，毕晓光编著. —北京：
科学普及出版社，2014.1

ISBN 978-7-110-08524-0

Ⅰ. ①邮…　Ⅱ. ①林…②毕…　Ⅲ. ①邮票－世界－
图集　②民间故事－作品集－中国　Ⅳ. ① G894.1-64
② I277.3

中国版本图书馆 CIP 数据核字 (2014) 第 003825 号

策划编辑	吕建华　许　英
责任编辑	许　英　包明明
装帧设计	中文天地
责任校对	赵丽英
责任印制	王　沛

出版发行	科学普及出版社
地　　址	北京市海淀区中关村南大街16号
邮　　编	100081
发行电话	010-62173865
传　　真	010-62179148
网　　址	http://www.cspbooks.com.cn

开　　本	787mm×1092mm　1/16
字　　数	339千字
印　　张	14.25
印　　数	1-3000册
版　　次	2014年3月第1版
印　　次	2014年3月第1次印刷
印　　刷	北京凯鑫彩色印刷有限公司
书　　号	ISBN 978-7-110-08524-0 / G·3593
定　　价	58.00元

前言

有的集邮者问我："你收集什么专题的邮票？"我回答："我收集故事专题邮票。"他们又追问："什么是故事专题邮票？"我继续回答："故事专题的邮票就是叙事性民间文学的邮票。"他们还是不太理解："专题邮票中没有这一类别呀。"我就补充说明："就比如神话故事邮票、童话故事邮票、民间故事邮票、寓言故事邮票，等等。"他们这才明白："原来我们有很多熟悉的邮票就是故事专题邮票。"

其实，说故事专题的邮票就是叙事性民间文学的邮票还不太准确，有些专业作家文学作品中也有叙事性故事，比如寓言故事和成语故事就多是作家所作，但是经过长时间的流传以后，已经成为民间耳熟能详的故事。所以通俗一点来讲：故事专题的邮票就是邮票图案上有故事可讲的邮票或可以通过邮票图案讲述背后的传说故事的邮票。我们这本书，就是专门介绍这一类邮票的。在《邮票图说中国民俗》那本书中，已经介绍了风俗习惯传说中的"神祇崇拜"和"吉祥图案"，在这里就不再重复了。还有一类作家文学作品中的经典名著故事，我们放到别的专题去讲。

现实生活中，很多人对什么是故事，什么是传说，什么是神话搞不太清楚。有人把《西游记》称之为神话小说，有人把《精卫填海》称之为儿童故事，有人不知道神话与传说有什么分别，也有人把寓言与成语混为一谈。同是《牛郎织女》、《梁山伯与祝英台》题材邮票，

中国邮政称其为"民间传说",中国台湾邮政先称为"中国童话"后称为"中国民间故事",中国澳门邮政却列入"传说与神话"系列。同是《闻鸡起舞》,中国邮政视作"成语典故",中国香港邮政归入"中国成语故事",而中国台湾邮政却命之为"中国民间故事"。同是《愚公移山》,中国邮政、中国澳门邮政归入"成语典故"、"成语故事",中国台湾邮政归入"中国寓言"。如此种种,不一而足,可见人们在认识上有很大差异。

实际上,在文学理论里,神话、传说、民间故事、成语故事、寓言故事、儿童故事和童话是有着很明显的定义和范畴的。

比如神话产生于远古时代,是原始人类用想象和借助想象以征服、支配自然的故事。神话必须同时具备的条件是:它必须是人类演化初期的故事,而且述说神话的承传者一定得对所述说的内容信以为真。依照这个标准来看,许多现代人所谓的神话,那些故事叙述的一些神明连作者也不相信是真实的,所以这样的故事不该被称为神话。

神话中的英雄神话,产生得比创世神话与自然神话稍晚、表达了人类反抗自然的愿望,同时,也可说是人类某种劳动经验的概括总结。这时候,原始人类已经不再对自然界产生极端的恐惧心理,有了一定的信心,开始把本部落里具有发明创造的才能或做出重要贡献的人物,加以夸大想象,塑造出具有超人力量的英雄形象。如中国古代的神农、黄帝、尧、舜、禹等。

传说与历史的内涵十分接近,两者都离不开一定的历史人物和历史事件。但是,传说与历史属于两种不同类型的精神活动。我们所说的历史,是对于历史人物的言论行为、历史事件的来龙去脉、前因后果、具体经过等等的忠实记录,真实是其最高的要求。至于传说,并不一定是确曾发生过的事情,却与一定的历史人物、历史事件有联系,并根据一定的历史事实曲折地反映社会生活的本质。尽管这样,传说与历史的关系又十分密切。不少流传至今的传说,就是把历史加以艺术化、传奇化,从而形成既有历史依据,又属虚构想象的传说。例如《三国志·诸葛亮传》记载诸葛亮早年是"躬耕陇亩,自比管仲、乐毅"的书生,有过人的才智,并且是一个能臣、贤相。而民间流传的诸葛亮传说,却突出宣扬他能掐会算、借东风、借年寿等神奇事迹。

民间传说又俗称"口碑",是一切以口头方式讲述生活里各种各样事件的散文叙事作品的统称,它包括今天人们所说的神话、传说和故事。所以人们常常能看到诸如"神话传说"、"神话故事"、"传说故事"之类把两个术语连在一起使用、概念含混不清的说法。传说概念的界定,突出了民间传说自身的文体特征和内在蕴藉,使得传说可以与神话、故事加以区别。

民间故事在民间文学中占有重要的位置,和民间传说同是民间口头文学宝库中蕴藏量极为丰富的两宗珍宝,作为民间文学叙事散文中不同的门类,它们各自具备相互区别的一些鲜明的表现形式特征。而实际上部分民间故事、民间传说却呈现相互转变、演化、融合等复杂形态。也就是说,民间故事在流传过程中,会有一部分故事逐渐附着在各地的风物上,也有少数民间故事与历史人物发生了联系,从而实现了转化过程。

再如寓言故事和成语故事,虽然这是两类不同的文学体裁,但同一个故事,可以既是寓言故事,又是成语故事。在汇集成语故事的时候,有时候人们也会把寓言收编进去,因为寓言故事的目的就是讲述道理,两者不矛盾,只是分类不同。在汇集寓言故事的时候,有时候人们也会把成语故事收编进去,因为成语故事往往本身就是一个寓言故事,两者之间有重叠,但不能因此就说成语故事就是寓言故事。

虽然我是学中文的,但这些民间文学的特点和分类,我也是在几十年收集故事专题邮票的过程中逐渐掌握的。或许是童心未泯,我对童话故事、民间故事这类"有故事"的邮票情有独钟,多方寻找,孜孜以求。对有关民间文学的资料也格外关注,力求查找到我拥有的邮票上的详细内容。20 世纪 80 年代,复刊不久的《集邮》杂志就发表了我写的《赞比亚的童话邮票》、《小红帽》等文章,后又陆续在《邮票世界》、《少年集邮》、《百科知识》等刊物上登载《匈牙利的童话邮票目录》、《日本的民间故事邮票》、《童话邮票漫谈》、《城鼠和乡鼠》等有关民间文学的文章。

20 世纪 80 年代中期,我完成了《邮票上的童话》书稿,辗转了几个出版社都因疑虑市场不好未能出版,拖延了很长时间。那时候出书难啊,特别郁闷。1993 年少年儿童出版社壮着胆子,编辑加工后,试着先印了 5000 册,结

果市场反映不错，转过年就重印了 7000 册。同时人民邮电出版社也出版了我与儿童文学专家汤锐、张美妮合作编写的《童话王国》，作为邮票上的百科知识丛书之一，印了 15000 册。由于《邮票上的童话》畅销，少年儿童出版社又约我和余俊雄再写几本同类的书，作为一套丛书出版。于是 1996 年我们完成了《邮票上的民间故事》、《邮票上的神话故事》、《邮票上的名著故事》、《邮票上的卡通故事》等 4 本书，与《邮票上的神话故事》一同印 10000 套投放市场。以后虽然又多次重印，但因为其他一些原因，原计划继续写作的《邮票上的历史故事》、《邮票上的寓言故事》、《邮票上的民俗故事》、《邮票上的宗教故事》、《邮票上的电影故事》未能实现，但这个大题目依旧一直是我的爱好。

前一段我和毕晓光先生共同编写出版了《邮票图说中国民俗》，合作得非常顺利，非常愉快。这次我们两人再度携手，共同编写这本《邮票图说中国故事与传说》应是轻车熟路，配合默契了。编写过程中我们参考与引用了一些著作与教材的内容，以及百度网站"百度知识"上的一些文章片段，在此一并谢过。

林　轩

2013.12

目录

邮票图说中国故事与传说

YOUPIAO TUSHUO ZHONGGUO GUSHI YU CHUANSHUO

一

故事与传说概论

在文学理论中，故事与传说都属于"民间文学"的范畴。"民间文学"这个学术名词是从国际术语 folk-iore 发展而来的，folk-iore 的含义是"人民的智慧，人民的知识"。到了 19 世纪 70 年代，这个术语被西方学术界广泛使用于"民俗学"（即"关于人民智慧的科学"）的含义上，而后专指民间文学创作，就是民俗学中的民间口头创作。

但是，"民间文学"范围很广，除了自古至今口耳相传留下来的神话以及民间传说、民间故事、民间叙事诗以外，还包括民间歌谣、民间说唱、民间小戏、民间谚语和谜语等诸多口头文学形式，甚至还包括现代的新传说、新故事、新歌谣、新谚语等。我们说所的故事就只包括其中的叙事性部分，就是有完整故事的那部分内容。我们把它分成几大类：神话故事、传说故事、民间故事、成语故事和童话故事等。其中还可以细分，如传说故事就可分为历史传说故事、人物传说故事、风物传说故事等。人们熟悉的生肖传说故事、孝行故事也属于风物传说中的风俗习惯传说故事。

1. 什么是故事，什么是传说

神话（mythos，myth）产生于原始社会，是人们的口头创作，也是原始文化的结晶。在原始时代，人类的智力水平比较低下，他们还不能解释太阳的东升西落，月亮的阴晴圆缺，夏天怎么会有雷鸣闪电，而冬天又怎么会冰雪漫天，也不理解人是怎么来的，万物是怎样生长的。以为这一切都是由一

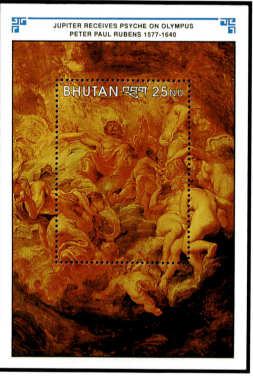

图 1-1　1991 不丹《鲁本斯油画·
朱庇特在奥林匹斯山》

个或一些统治万物的"神"在起作用，于是就想象出"神"的形象、"神"的本领和"神"的故事。那时没有文字，都是口耳相传形成最早的"神话"或"神话故事"。世界上保存得最完整的神话，要算古希腊的神话了。而后，世界各民族都或多或少保留下一些神话与传说。我国远古时代也有非常丰富的神话传说，但直到封建社会初期，在《史记》、《楚辞》等一些典籍中，才有了一些记载，但大都是简单的片断。其后在《山海经》、《淮南子》等一些书籍中也保存着许多神话。

由于古代生产力水平很低，人们不能科学地解释世界起源、自然现象及社会生活的矛盾、变化，于是借助幻想，把自然力拟人化。神话是远古人民表现对自然及文化现象的理解与想象，它是人类早期不自觉的艺术创作，反映了人类童年时期渴望了解自然、征服自然的意志和理想，表现了远古人民对自然力的抗争和提高人类自身能力的渴望。马克思说："任何神话都是用想象和借助想象以征服自然力，支配自然力，把自然力加以形象化。"神话是"通过人民的幻想用一种不自觉的艺术方式加工过的自然和社会形式本身"。

在神话中，我们的祖先想象力是极其丰富的，幻想出许许多多有着超人的征服自然力量的英雄。如开辟宇宙、顶天立地的盘古；如射落天上九个太阳，使人民免受旱灾的羿；炼五色石以补苍天，使人类得以安居的女娲。外国的神话故事也是这样，如把天火盗给人间，给人类带来了光明的普罗米修斯。

在神话中，自然物常常被拟人化、人格化。原始时代的人类认为万物都是神灵，而神灵都具有人的性格、人的形象。因此这些神灵都取有人的名字，如中国神话中的太阳神是驾驭日车的伏羲，月宫中女神的名字叫嫦娥。在古希腊神话中，太阳神被叫作阿波罗，月亮神被称为阿特米斯，海神被叫作波塞冬，智慧女神被叫作雅典娜。

在神话中，每一项对人类有所贡献的重大发明，都被列在一个神的名下。如中国古代神话中，发明五谷和医药的神是神农氏，发明房屋的神是有巢氏，发明火的是燧人氏。在古希腊神话中也是如此，万能之神是赫拉克勒斯，能工巧匠是赫菲斯托斯，等等。

图 1-2 1986 希腊《希腊神话人物》

神话是我们认识人类童年时代生活的史料，是人类文学的源头，是人类最早的文学创作。具有高度的美学价值。在文学史上占有重要地位的古代神话作品，具有不朽的意义，《庄子》的散文、屈原的辞赋都具有浓郁的神话色彩，无疑是我国最具艺术魅力的文学作品。曹植、陶渊明、李白、吴承恩等伟大诗人和作家，无不受到神话的影响。有的直接从神话中取材，有的吸收了神话中夸张、虚构、幻想等表现方法。在西方文学史上，这样的事例就更多了，但丁的《神曲》就是以希腊神话故事为题材的。

传说（saga，legend）是长期在民间流传而形成的、带有某种传奇色彩和幻想成分的历史人物、历史事件或自然物貌的故事。如大禹治水传说、卧薪尝胆的传说、西湖的传说、黄鹤楼的传说等。传说有的是以特定历史人物与事实为基础，有的则属于附会虚构。人物和事件的传说，大都是颂扬、赞美的，反映人民的理想和愿望，自然景物的传说，则近于优美的叙事散文。

　　世界各国的传说也极其丰富，非常著名的如希腊的"特洛亚战争的传说"、"俄底修斯的传说"，印度的"沙恭达罗"，阿拉伯的"辛伯达航行的传说"，北欧的巨人传说等。

　　在中国民间传说中，故事的主人公一般有名有姓，其中有的是历史上知名的人物，事件发生有具体的时间和地点，有的还涉及国家民族的重大事件；而人物活动或事件发展的结果也常与某些历史、地理现象及社会风习相附会，因而往往给人以它是真实历史的错觉。但民间传说与严格意义的历史有本质的区别。

　　传说是我国文学宝库中富有生命力的部分，具有口头性、集体性、变异性和传承性等特征。传说是人民大众长期社会实践的产物，其内容是相当广阔的。作品有的把美好想象附会了历史事件，有的把内心的愿望赋予了超伦的君主，有的塑造了英明的首领，有的歌颂了睿智的人物，有的构解了行业的起源，有的赞美了大好的河山。作为蕴藏和放射着英雄主义、浪漫主义、爱国主义、人道主义等崇高思想和珍贵美德的精神财富，传说已成为我们民族思想与品格修养的不竭源泉。

　　民间故事（folktale，folk story）是民间文学的主要形式之一，是由劳动人

图 1-3　2008 中国澳门《传说与神话八——丘比特与赛姬》

民长期创造，口耳相传的作品。它的结构常常较简单，语言通俗，形式生动活泼，又有曲折的情节、完整的内容和丰富的感情。由于辗转相传，反复加工，因而既在逐步完善，又由于地区和民族的不同而产生了众多的差异。它也具有群众性、集体性的特点。民间文学是劳动群众智慧的结晶，是人民的愿望、要求和理想的集中反映，也是人民思想感情和意志的表现。它有着极其丰富的内容，有的抒发了劳动的欢愉，有的倾诉了被压迫的痛苦，有的讴歌了真挚的爱情，有的寄寓了对理想生活的渴望……许多故事以及整理出来的作品达到了很高的艺术水平。有的民间故事常有神话式的幻想情节，充满神奇色彩。例如：《渔夫和金鱼的故事》、《牛郎织女》等。民间故事《孟姜女》、《梁山伯与祝英台》、《白蛇传》等，在经过不断地加工、完善后，成了民间文学的佳作，被改编成各种体裁的文艺作品。

寓言（fable）是文学体裁的一种。是带有明显劝喻意思或讽谏性的小故事。"寓"是"寄托"的意思。寓言，通常是把深刻的道理寄于简单的故事之中，借此喻彼、借小喻大、借古喻今。主人公可以是人，可以是动物，也可以是无生物，多运用拟人的手法。语言简洁锋利。寓言故事是根据事实或者编造的故事向人们讲述一个道理，说明某种人生态度或哲理，使人获得教益，给人以启发。寓言一般都有故事性，但情节不太曲折、复杂。它常运用夸张和想象，但不荒诞。寓言大都以简短的结构、鲜明的形象、夸张与想象的艺术手法，来阐明某种道理、或讽刺某种社会现象，因此它闪烁着智慧光芒，充满了丰富的生活哲理。其题材广泛，风格多样。

通过故事来进行寓言创作，我国在两千多年前的春秋战国时代就已经非常繁荣了，像《自相矛盾》、《螳臂挡车》、《螳螂捕蝉，黄雀在后》、《叶公好龙》等都是非常优秀的作品。后来唐朝柳宗元、明朝刘基等，也创作了许多有名的作品，如《黔之驴》、《卖柑者言》等。世界各国的寓言作品也很多。世界最早的寓言集是《伊索寓言》，其他比较著名的寓言集或寓言较集中的作品有《列那狐的故事》、《百喻经》、《拉封丹寓言》、《克雷洛夫寓言》等。

成语故事（idioms）很大部分是历史典故，是发生过的事情，然后人们用一个成语将这些事情总结、浓缩为一个简短的句子或短语，以方便地表达整

图 1-4　1978 法国
《儿童附捐·拉封丹寓言》

个故事和故事要讲述的内容，在功能上并不一定要有积极的寓意。比如"百步穿杨"、"沉鱼落雁"这些成语只是具备一种描述、形容的作用，并不需要给人启发。因为历史本身就带有很多值得人们思考的道理。因此很多成语都能带给人一些有益的启迪。成语故事的目的是补充成语没有完全表达的内容，可使成语更容易理解。

儿童故事（chldren's story）与童话故事（fairy tales）是有区别的，儿童故事是以儿童容易理解的话语，以历史或现今的儿童为主人公的故事。儿童故事大都站在旁观者的立场，比较客观地叙述事件的进程，起到直接引导或教育的作用，如《孔融让梨》、《磨杵成针》等。童话故事则是童话小说的创作，可以有更多的主观情感注入作品，如《小鲤鱼跳龙门》、《神笔马良》等。儿童故事的价值在于故事本身，重视的是精彩事件的叙述；而童话故事的价值则在于人物和主题，重视的是典型人物的塑造和主题的深度。儿童故事讲究的是讲故事的技巧；而童话故事为要加强塑造人物形象的艺术效果，则必须更注意故事内容与细节的描写。换言之，儿童故事是讲儿童的，童话故事是给儿童讲故事的。

世界各国的民间文学对本国的文学发展都有着巨大的影响。我国历史上最重要的文学

图 1-5　1965 民主德国
《人道救济·格林童话·灰姑娘》

形式，如四言诗、楚辞、五言诗以及词、曲甚至小说，几乎无一不是脱胎于民间文学。像屈原、李白、杜甫、白居易、关汉卿、鲁迅等等，几乎都受过民间文学的影响；外国像但丁、薄伽丘等众多作家，也都与民间文学有着密切的关系。

2．有关中国故事与传说的邮票

中国古代的神话传说有着鲜明的特色。首先，这些神话传说都植根于深厚的现实生活的土壤之中，大都和劳动有关。它们歌颂了劳动，歌颂了人类的聪明才智，体现了劳动创造人类和人定胜天的思想。其次，它们都歌颂了一种为了理想、为了人类而英勇献身的精神，对待困难、对待敌人的一种坚韧不拔的斗争精神。这些精神永远激励着后人去为真理而斗争。另外，这些神话传说的创作方法是浪漫主义的。那些奇特的想象，大胆的夸张，奔放的热情，瑰丽的色彩，光辉的形象，对文学艺术的发展有着深远的影响。

中国邮政 1987 年发行了 T120《中国古代神话》一套 6 枚邮票，内容是盘古开天、女娲造人、羿射九日、嫦娥奔月、夸父逐日、精卫填海。

1993 年中国台湾邮政发行《创世神话》4 枚，内容为盘古开天辟地、盘古化成万物、女娲抟土作人、女娲炼石补天。1994 年再发行《发明神话》4 枚，内容为燧人氏钻木取火、伏羲氏画八卦、神农氏造农具、仓颉造文字。

寓言和成语虽然分类不同，但都是短小精悍的故事，特别适于用形象性的画面来反映，祖国的两岸三地文化传统一脉相承，均以此为内容发行了众多内容丰富、画面精美的邮票，其中还有许多是"可喜的同一"。

中国邮政 1981 年发行了 T59《寓言——刻舟求剑》一套 5 枚以后，迟至 2004 年才发行《成语典故（一）》，2010 年又发行《成语典故（二）》，两套成语故事的内容是：邯郸学步、叶公好龙、滥竽充数、鹬蚌相争；愚公移山、卧薪尝胆、毛遂自荐、闻鸡起舞。

中国澳门 2001 年发行了《成语故事》4 枚邮票，图案为卧薪尝胆、守株待兔、狐假虎威、孟母三迁，小型张邮票图案为掩耳盗铃。2007 年发行了《成语故事（二）》4 枚邮票，图案为愚公移山、管鲍之交、指鹿为马、鹬蚌相争，小型张邮票图案为车水马龙。2009 年发行了《成语故事（三）》4 枚邮票，图案为螳螂捕蝉、南柯一梦、四面楚歌、鞠躬尽瘁，小型张邮票图案为刻舟求剑。

中国香港 2006 年发行了《中国成语故事》4 枚邮票，图案为相敬如宾、开卷有益、闻鸡起舞、同舟共济，还发行了同图的小全张。2011 年发行了《儿童邮票——中国成语故事》5 枚邮票，图案为相濡以沫、水滴石穿、千锤百炼、节用厚生、庖丁解牛，还发行了同图的小全张。

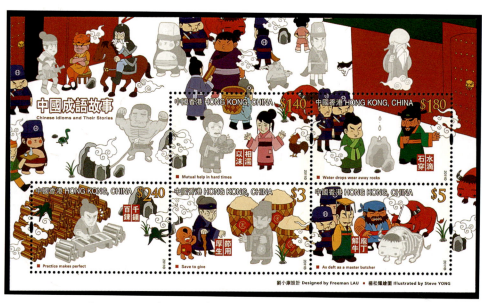

图 1-6　2011 中国香港《儿童邮票——中国成语故事》小全张

中国台湾 1998 年发行了《中国寓言》4 枚邮票，图案为井底之蛙、狐假虎威、画蛇添足、鹬蚌相争。2001 年发行了《中国寓言》4 枚邮票，图案为朝三暮四、自相矛盾、守株待兔、愚公移山。

从 1970 年至 1982 年期间，中国台湾以《中国民间故事》为题，发行了 7 组共 40 枚邮票，每枚邮票是一则成语，但这 40 则成语故事的内容却非常广泛，其中有历史人物的传说故事，如中兴报亲、投笔从戎、勇于改过、正气凛然；有历史事件的传说故事，如田单复国、卧薪尝胆、击鼓歼敌、坚持母训；有励志故事，如三余勤读、囊萤夜读、闻鸡起舞、磨杵成针；有儿童故事，如孔融让梨、灌水浮球、破缸救友、汪琦杀敌；更多的是孝行故事，如鹿乳奉亲、卖身葬父、缇萦救父、行佣供母等。

中国澳门 2002 年发行《孝》邮票，4 枚邮票的图案是孝感动天、扇枕温衾、哭竹生笋、卧冰求鲤，小型张图案为鹿乳奉亲，小本票 4 幅图案为单衣顺亲、涌泉跃鲤、能忠必孝、父忠子孝。

图 1-7　2002 中国澳门《孝》小本票

民间故事的内容来自民间，反映的多是民间生活。特点是故事性强，情节曲折生动，想象奇特丰富，艺术感染力强。尤其是有些民间故事经群众口头创作、口头流传，又经过很多艺人不断地修改加工而形成各种文艺形式广为流传，甚至被编成戏剧、拍成电影，有些故事已经家喻户晓，如《天仙配》、《刘三姐》、《梁山伯与祝英台》等，将他们搬上邮票是很自然的。

中国邮政从 2001 年起开始发行"民间传说"系列邮票，至今已经发行 6 套，它们是 2001-26《民间传说——许仙与白娘子》全套 4 枚；2002-23《民间传说——董永与七仙女》全套 5 枚；2003-20《民间传说——梁山伯与祝英台》全套 5 枚；2004-14《民间传说——柳毅传书》全套 4 枚；2010-20《民间传说——牛郎织女》全套 4 枚；2012-20《民间传说——刘三姐》全套 4 枚。另外还发行有 2000-6《木兰从军》全套 4 枚。

中国台湾在 20 世纪 90 年代也连续发行"中国民间故事"系列邮票：1981 年发行《牛郎织女》全套 4 枚；1983 年发行《白蛇传》全套 4 枚；1986 年发行《梁祝故事》全套 5 枚。

中国澳门从 1994 年开始发行"传说与神话"系列邮票。到 2012 年发行了 9 套，他们是 1994 年《传说与神话——福、禄、寿》全套 3 枚＋小全张；1995 年《传说与神话二——观音》全套 4 枚＋小型张；1996 年《传说与神话三——土地、财神、灶君》全套 3 枚＋小全张；1997 年《传说与神话四——门神》全套 4 枚＋小型张；1998 年《传说与神话五——妈祖》全套 4 枚＋小型张；2003 年《传说与神话六——梁山伯与祝英台》全套 4 枚＋小型张；2004 年《传说与神话七——关帝》全套 4 枚＋小型张；2008 年《传说与神话八——丘比特与赛姬》全套 4 枚＋小型张；2011 年《传说与神话九——白蛇传》；2012 年《传说与神话十——牛郎织女》。

图 1-8 1998 中国澳门《传说与神话五——妈祖》

生肖起源于中国，至今已有两千多年的历史了，以 12 种动物与 12 地支相配，作为每个人的出生符号与记岁方法，已经深入人心。民间流传着无数关于各个生肖的传说故事。中国邮政已发行的三轮生肖邮票虽然不是专为生肖故事而发行，但是其背后却有着丰富的故事，每个生肖我们只能选择一个故事来代表讲述。反倒是其他一些国家发行的生肖邮票图案中却有着明确的独立故事，如朝鲜发行的蛇年邮票一套4枚和小型张是中国的"白蛇传"故事，圣文森特及格林纳丁斯发行的马年邮票一套9枚，是"伯乐相马"的连环画故事。加纳在1996年到2001年间连续为鼠年、牛年、兔年、龙年、蛇年发行《老鼠娶亲》、《牛郎织女》、《守株待兔》、《柳毅与龙女》、《白蛇传》故事邮票，有的甚至采取两个小版，以12枚剪纸形式的连环画邮票来表现一个完整的故事，确实高人一筹。

有志不在年高，历史上优秀少年儿童的故事，一直是后人进行启蒙教育的教材，也是海峡两岸邮票共同选中的内容，也有着不少"可喜的同一"，如"孟母三迁"、"孔融让梨"、"磨杵成针"、"灌水浮球"等等。中国邮政近几年

图 1-9　2001 朝鲜《中国民间传说·白蛇传》

在"六一"儿童节之际系列发行儿童故事或童话故事邮票，应是一个较好的传统，几年下来，陆续发行了如"司马光砸缸救友"、"孔融让梨"、"曹冲称象"、"文彦博灌水浮球"等的儿童故事。中国邮政也曾发行有《"咕咚"来了》、《小鲤鱼跳龙门》这样的童话故事邮票，2013年还要发行童话故事《小蝌蚪找妈妈》的邮票。

3. 故事与传说选题的开掘

尽管我们已经发行了一些有关故事专题的邮票，有些如"民间故事"、"儿童故事"、"成语故事"等已经形成了邮票系列，但是由于中华文化源远流长，世代沿袭，博大精深，枝繁叶茂，可以成为邮票题材的比比皆是，所以也有必要进行一番梳理、进行一些挖掘，才能开阔思路，从长计议，以期有计划、有重点、有代表性地安排进我国民间文学题材邮票的发行规划。我们可以从国外邮票的选题、设计中得到很多的启发。

中国古代神话与传说丰富多彩，远古时代就有很多美丽动人的神话传说。从有文字时起，就有了关于神话的记载，涉及的范围非常广泛，从天文、地理、哲学、宗教、文学、艺术到医学、动物、植物、风俗等，几乎整个文化领域都有最早的神话，在《山海经》、《淮南子》、《楚辞》、《庄子》、《吕氏春秋》、《左传》、《国语》、《搜神记》等古代典籍中均有所记载。由于我国是由56个民族聚合组成，各少数民族的史书或流传史诗中也有极其丰富的神话与传说。

神话就其内容分为：

（1）创世神话

就是关于宇宙形成，天地开辟，人类和万物起源的神话。创世神话是人类幼年时期用幻想的形式对自然、宇宙所作的幼稚的解释和描述，反映出原始古代人对天地宇宙和人类由来的原始观念。

创世神话中的天地开辟神话是以创造神为主体创造世界的故事，汉族的创造神叫盘古，瑶族的创造神叫密洛陀，彝族的创造神有4个，为八歌、典尼、支格阿鲁和结支戛鲁。巨人化生神话是讲述天下万物是由巨人的身体各部所化，如阿昌族的神话《遮帕麻与遮米麻》，彝族神话《创造万物的巨人尼支呷金》等。还有一些是自然演变的神话，讲述的是想象中的天地自然形成的过程，如壮族神话《布洛陀与妹六甲》，纳西族创世神话《人祖利恩》等。这些神话，在各少数民族的史诗和古歌中保留很多。

人类起源神话有两类：一类是解释世界上人类的诞生，讲述造人的过程，说明民族的由来；另一类是与洪水神话相联系，通过洪水后兄妹结合，说明再造人类的过程。在各民族创世神话中，人的来源有卵生、葫芦生、石头生，以及从山洞或树林上出来的种种不同说法，但较常见的是泥土造人的说法。如女娲神话。女娲是中国神话中的创世女神。是原始社会母系氏族时期流传下来的一位伟大女神形象。

在创世神话中，解释人类由来和说明民族起源的内容常常结合在一起，把民族起源和人类由来看作是同时发生的。彝族史诗《梅葛》中记载的创世过程，以兄妹成亲，生下怪葫芦，出现8种人，解释8个民族的由来。创世神话具有世界性，它是人类原始时期的意识形态，具有重要的历史价值和一定的文学价值。

图 1-10 2000 梵蒂冈《创世纪》

（2）日月星辰神话

就是解释日月星辰等自然现象的神话。日月星辰神话首先提出了日月星辰的由来问题，还有太阳是英雄神和天帝的说法，也有神话解释某些星座的来历。

日、月有规律的出没运转，月中的阴影及月的圆缺变化，日食与月食，是神话解释的自然现象。中国古代神话描述日、月的生活日程也像人类一样有劳作、有休息。汉族神话中就有嫦娥奔月化为蟾蜍、吴刚伐桂、玉兔捣药等说法。少数民族中也有许多解释月中阴影的神话。关于日、月之间的关系，人们想象它们有着同于人间的夫妻、兄妹、姊妹、姑嫂等关系。射日神话是日、月神话中不可忽视的组成部分。如英雄的神箭手射下了多余的日、月。这类神话反映了远古人类企图控制太阳、征服干旱的愿望。

（3）洪水神话

世界性的关于宇宙毁灭和人类再生的神话。中国古代关于洪水的记载，多和治水相联系。如《淮南子·览冥训》中就述及女娲补天和治水的故事。此外，还有鲧、禹治水的神话。另一类洪水神话反映远古某个时期人类在遭到毁灭性洪水灾异之后，洪水遗民两兄妹结婚，再生人类。如雷公发洪水，淹没世界。兄妹二人躲在葫芦里避开洪水，而后结为夫妻，婚后繁衍出不同的种族。又如伏羲、女娲兄妹在石狮子或乌龟等的保护下，避过洪水，随后结为夫妻。最后，兄妹再造人类，从而成为"人祖"。这些神话都存在原始血缘婚的痕迹。它似是中国原始社会从群婚制向对偶婚制过渡的婚姻形态的反映。早期神话以为兄妹婚为延续人类所必需。

世界各国发行了大量神话与传说故事的邮票，其中有些堪称精美绝伦。中国邮政只在《中国古代神话》邮票中有4枚邮票表现了"盘古开天"、"女娲造人"、"羿射九日"、"嫦娥奔月"的内容，颇显单薄。那么丰富的神话内容，岂是这几枚邮票所能包容的？

传说也有各个类别，目前比较通用的传说分类方法是把民间传说分为：有关于历史人物的传说，有关于历史事件的传说，有关于自然风貌的传说三个类别。

历史人物的传说中有远古先祖，三皇五帝，尧舜禹汤，周文武王，直至有

图 1-11 1982 摩纳哥《希腊神话·赫拉克勒斯的奇迹》

文字确切记载的历史人物，经历了从神到半人半神，到人的嬗变。最早如帝俊传说，帝俊是中国古代殷民族所奉祀的天帝，甲骨文称为高祖。他本是殷民族的祖宗神，后来才升为天帝的。他的形状在甲骨文中是鸟的头，猕猴的身子，一只足。传说帝俊的两个妻子，一个叫羲和，住在东方海外的甘渊，生了 10 个太阳；另一个叫常羲，住在西方的荒野，生了 12 个月亮。帝俊时常从天而降，和一些五彩鸟交朋友，从中可以见到帝俊作为天帝的神性。由于神话的发展演变，帝俊又化身为传说中人间的两个帝王，一个是帝喾辛氏，另一个是帝舜，他们都是半神的英雄，都有他们各自的神话传说在流传。

汉族最古老的诗歌总集——《诗经》，其中年代最久远的《颂》和《大雅》多为祭祀祖先的颂歌，开后世郊祀乐章的先河。如《商颂·玄鸟》中"天命玄鸟，降而生商。宅殷土茫茫。古帝命武汤，正域彼四方。方命厥后，奄有九有。商之先后，受命不殆，在武丁孙子。"记载了简狄含燕卵怀孕后生契的始祖神话，具有明显的图腾崇拜倾向。

对以后历代社会生活中著名人物为中心，通过艺术加工、幻想、虚构等手法，叙述他们的行为、事迹或遭遇等的传说，称为人物传说。大致有祖先传说、民族英雄传说、农民起义首领传说、近现代政治领袖人物传说、文化人物传说等。其中有一些可能是以一定历史事实为依据，但它不是某一人物的历史传记，而是一种艺术创作。它是透过艺术的真实，去反映了历史的真实。中国具有悠久的文化传统，在长期的社会发展中，曾经产生过无数杰出的政治家、思想家、军事家、发明家、文学家、艺术家。他们的事迹，引起了人们的敬仰，往往生发出许多奇异的情节和故事，在民间广泛流传。这些传说，千百年来在人民群众中发挥着道德的和审美的教育作用。

如伟大的爱国诗人屈原的传说，就颂扬了屈原的爱国爱民思想及其历史功绩。他们深切关怀国家的命运、民族的前途和人民的疾苦；为了实现自己的政治理想，进行着不屈不挠的斗争，一旦理想破灭，甚至不惜以身相殉。就是典型的例证。

传说中的人物大多有一定的政治抱负和对抗邪恶的品德。例如被称为"武圣人"的关羽，他的神武忠勇的品性就常为人称道。有的还运用自己智慧和幽默才能，如施耐庵为贫苦人民"打抱不平"、惩治无赖；郑板桥的"坐簸箕"；徐文长的"西湖救渔民"、"智斗地头蛇"等传说故事。也有的获罪于当朝，被贬放逐，仍然尽心竭力地为当地人民兴利除弊，如白居易修建白堤，为杭州人民解除旱灾；柳宗元贬谪柳州时为人民治理污水等等。讴歌疾恶如仇的高尚情操。也描绘某些文学艺术家刻苦学习的精神和他们高超的艺术成就。如王羲之临池学书、池水尽黑和笔力遒劲、入木三分的传说；李白为了提高诗艺，不怕辛苦，登山涉水，到处寻师，以及见老媪铁杵磨成针而发奋等传说。有的传说，还详细地记述了一些著名的文学家的创作生活和艺术实践的传奇性的故事。这类传说对于后人研究他们的著作，无疑地有着一定的参考价值，如吴承恩、

图1-12 2004 中国澳门《传说与神话七——关帝》

吴敬梓、蒲松龄、曹雪芹等人的传说故事。

人物传说，一般地不着意追求故事情节的曲折复杂，而是用群众自己的理解，侧重于刻画人物的精神面貌，突出他们的性格特征。在语言和艺术风格上，大多具有单纯、质朴等人民口头创作的特色。

历史事件的传说不同于真实的历史，而是由历史事件派生出来，又经过人们想象、加工，注入了文学手法和感情色彩的故事。

地方风物传说是对某一地方的特定自然景物、山川名胜、土特产品、风俗习惯等的特点、名称、由来做出解释的传说。有山川名胜传说、土特产品传说、风俗习惯传说等内容。风俗习惯传说还可细分为节日习俗传说、物质生活习俗传说、物质生产习俗传说、游艺习俗传说、婚丧习俗传说等等。

这么多的类别，这么多的内容，又该是多么丰富的邮票题材宝库啊。

寓言早在我国春秋战国时代就已经盛行，既有民间口头创作，也有文人的创作，在先秦诸子百家的著作中，经常采用寓言阐明道理，保存了许多当时流行的优秀寓言，如《亡鈇》、《攘鸡》、《揠苗助长》、《自相矛盾》、《郑人买履》、《守株待兔》、《刻舟求剑》、《画蛇添足》等，其中以《庄子》与《韩非子》收录最多。汉魏以后，在一些作家的创作中，也常常运用寓言讽刺现实。唐代柳宗元就利用寓言形式进行散文创作，他在《三戒》中，以麋、驴、鼠3种动物的故事，讽刺那些恃宠而骄、盲目自大、得意忘形之徒，达到寓意深刻的效果。中国近代作家也常用寓言形式创作，特别是儿童文学作品更为多见。

中国民间寓言极为丰富。除汉族外，还有各少数民族寓言。各族人民创作的寓言，多以动物为主人公，利用它们的活动及相互关系投进一种教训或喻义，达到讽喻的目的。反映了劳动人民健康、朴实的思想，闪耀着人民无穷的智慧和高尚的道德光芒。

中国邮政的寓言故事和成语故事系列邮票要陆续发行下去，可用的素材是取之不竭的。例如鞠躬尽瘁、精忠报国、投笔从戎、勇于改过；守株待兔、狐假虎威、掩耳盗铃、螳螂捕蝉；相敬如宾、开卷有益、同舟共济、相濡以沫；水滴石穿、千锤百炼、节用厚生、磨杵成针；庖丁解牛，南柯一梦、孟母三迁、揠苗助长……

图 1-13　2001 中国澳门《成语故事》小本票

一个个凝练优美的成语，一个个生动有趣的故事，饱含着生活历练，闪烁着智慧光芒，蕴涵着深刻哲理，使人们领悟人生，开启思维，学习知识，沐浴智慧之光。

中国是一个地大物博、历史悠久的国家，在民间蕴藏着极为丰富的民族文化遗产。其中，最具有中国特色的是著名的《牛郎织女》、《孟姜女》、《梁山伯与祝英台》和《白蛇传》等四大民间传说。流传最广，影响最大。

《牛郎织女》、《梁山伯与祝英台》和《白蛇传》均已登上中国邮票，好评鹊起，但是很遗憾的是关于孟姜女的民间传说却始终无缘方寸。

孟姜女的传说起源于《左传》杞梁妻拒绝齐侯郊吊，遵守礼法的记载，后来加上《檀弓》的"齐庄公袭莒于夺（隧），杞良死焉。"其妻迎其枢于路而哭之哀是故事的雏形。汉·刘向《列女传》（四）记："齐杞梁殖战死，其妻哭于城下，十日而城崩。"又唐（佚名）《琱玉集》记"秦时有燕人杞良，娶孟超女仲姿为妻，因良被筑长城官吏所击杀，仲姿哭长城下，城即崩倒。"可知这个传说在唐代已盛行，但孟仲姿和杞良，在民间传说中已改名为孟姜女和范喜良。故事梗概是：

秦朝时候，善良美丽的孟姜女营救了逃避官家差役的范喜良，见他知书达理，眉清目秀，对他产生了爱慕之情。成亲那天，张灯结彩，宾客满堂，范喜良却被官兵不容分说，用铁链一锁，抓到长城去做工了。好端端的喜事变成了一场空，孟姜女悲愤交加，日夜思念着丈夫。秋风起来，孟姜女想给丈夫送寒衣，便收拾好行装，独自上路千里寻夫。

一路上，经历了多少风霜雨雪，跋涉过多少险山恶水，孟姜女终于到达了长城。一路询问，却始终不见丈夫的踪影。最后有民工告诉她范喜良已经死了，尸身已经填了城脚。猛地听到这个噩耗，真好似晴天霹雳一般，孟姜女整整哭了三天三夜，哭得天昏地暗，连天地都感动了。只听"哗啦"一声，一段长城被哭倒了，露出来的正是丈夫范喜良的尸首，孟姜女终于见到了自己心爱的丈夫，但丈夫却再也看不到她了。

这个故事曾经感动了古今多少人，期望它能早日搬上中国邮票。

图 1-14　1974 民主德国《俄罗斯民间故事·跳来跳去的鸟》

少数民族一些民间叙事长诗故事与日前已发行的《许仙与白娘子》、《董永与七仙女》、《梁山伯与祝英台》最为相似，而且也具有流传久远，知名度高的特点。

傣族叙事长诗《娥并与桑洛》集中反映了青年男女追求真正的爱情，追求幸福生活而不能，被封建家长制、封建礼教和买卖婚姻扼杀的悲剧。富家子桑洛为抗婚出走，在异乡勐根结识了娥并并共同生活。桑洛要求母亲同意他娶娥并，母亲以"门不当，户不对"拒绝。当娥并千里迢迢来找桑洛时，被桑洛的母亲赶出家门。娥并在归途中生下的婴儿变成不停叫"桑洛！桑洛！"的小鸟，娥并则含恨而死。桑洛闻讯赶来，自刎于娥并身边。安葬后两座坟头上的芦苇花絮同飞、根根相连。桑洛之母烧了芦苇，火堆中升起了两颗星星，此后每年三月两颗星星都要相会。

彝族撒尼人的民间叙事长诗《阿诗玛》由于拍成艺术片电影而为世人皆知：撒尼人的优秀女儿阿诗玛不仅貌美无比，而且勤劳、勇敢，热爱生活。她爱憎分明，不受欺骗，拒绝和仗势作恶的财主热布巴拉家的儿子结婚，被关进土牢，日夜逼婚。阿诗玛的阿哥阿黑前去搭救成功。但是财主买通岩神，用大水淹死了阿诗玛。阿诗玛死后变成了圭山石林中的回声。

类似的在少数民族民间流传较广的还有苗族民间叙事长诗《娥娇与金丹》、傣族的《召树屯》、哈萨克族的《萨里哈与萨曼》等等。这些民间传说中体现的人民性非常强烈，也具有浓郁的民族艺术特点，内容丰富，情节曲折，想象力强，有些已被介绍到全世界，改编成影视戏剧广为流传，并不比一些汉族民间传说知名度低。壮族的民间传说《刘三姐》最近已经亮丽登场，发行了邮票，起了个好的头。这个方面的邮票选题有取之不竭的源泉。

儿童故事指具有故事基本特征的内容单纯、篇幅短小，与儿童的接受相适应，供儿童阅读和聆听的叙事性文学体裁。儿童故事的特征是完整连贯、生动有趣、语言口语化和生活化。很多儿童故事取材于民间故事，它具有一定传奇性和幻想成分，如《阿凡提的故事》，也有以古今中外的文学名著为依据而改编的适合儿童阅读欣赏的故事，如根据英国斯威夫特《格列佛游记》译写了《大人国和小人国》。有些儿童故事是取材于儿童的生活，反映发生在他们身边的生活事件的短小故事，分为写人为主和写事为主的生活故事。动物故事取材于动物世界，以动物

图1-15　1982瑞典《画家丁·鲍尔的童话插图》

为主人公，描写它们的生态、习性，或借动物形象象征人类社会生活和社会关系的故事如《小狐狸花背》、《麻雀和老鼠打官司》等。

中国邮政近几年连续在儿童节时发行以中国古代智慧儿童故事为题材的

图 1-16　1996 圣文森特及格林纳丁斯
《中国动画电影·哪吒闹海》

邮票，也在发行诸如《小鲤鱼跳龙门》、《小蝌蚪找妈妈》这样的童话故事邮票，但总的来说，类别不是很多。其实有很多可以考虑上邮票的儿童故事，如《三毛流浪记》、《金宝塔银宝塔》等；中国历史上的小英雄故事，如《甘罗拜相》、《灌娘解困》、《李寄斩蛇》、《目连救母》；著名的中国童话故事《稻草人》、《大林与小林》、《宝葫芦的秘密》、《"下次开船"港》、《舒克与贝塔历险记》等。如果能把深受小朋友喜爱的动画片《神笔马良》、《骄傲的将军》、《大闹天宫》、《哪吒闹海》、《小马过河》、《猪八戒吃西瓜》、《三个和尚》、《黑猫警长》、《葫芦娃》、《喜洋洋与灰太狼》等搬上我国邮票，也是一个不错的选择。

希腊的神话与荷马的史诗、法国和德国的民间故事、北欧的巨人传说、非洲的动物故事、世界最早的寓言集《伊索寓言》也都具有不朽的艺术魅力，是人类文明的璀璨明珠，有些已成为后人难以企及的故事典范。中国邮政曾经发行过《安徒生童话》邮票，获得好评如潮，尤其令故事专题邮票收集者欣喜不已。中国邮政如果能有计划地将那些世界文学名著搬上中国邮票，使中国的人民群众得以在方寸之上欣赏、遨游，那将又是一片辽阔的题材海洋。

4．故事与传说的专题集邮

20世纪中叶以后，世界各国专题邮票的发行呈突飞猛进的态势，大量精美的各个专题邮票的出现，造就了专题集邮这样一种全新的集邮方式。如果说20世纪50年代之前世界上童话题材的邮票只有凤毛麟角的几枚，那从1959年匈牙利发行《童话邮票》和1960年德意志联邦共和国发行《格林童话·星银元》邮票开始，这个专题内容的邮票开始迅速增长。据1982年统计就有52个国家与地区发行了包括神话、传说、民间故事、童话故事、寓言故事、卡通故事以及儿童故事书插图内容的邮票670多种。其后又有了长足的发展，现在世界上220多个发行邮票的国家和地区，很难再找到没有发行过民间文学故事内容邮票的国家了。2000年，欧盟为各国制定的邮票统一题材即为"民间传说"，有十几个国家设计、发行了此题材内容的邮票。

世界各国发行有大量的有关故事专题的邮票，以致形成一个专题分支，被称之为 Folklore & Mythology，即民间传说与神话专题。在万国邮政联盟集邮发展委员会的网站（WNS）以及各国邮政的网站上，都可以查到近期这个专题的邮票的发行情况。

　　一些国家也成立有类似专题的集邮团体，1949 年成立的美国专题集邮协会拥有十几个分会和几十个研究小组，编辑有一百多种《专题手册》，其中就有《邮票上的童话与民间故事目录》，最早的版本就介绍了 84 个世界著名的童话和民间故事，包括其历史与作者，并附有插图。时至今日，应有更多内容了吧，可惜尚未见到。

图 1-17　1959 匈牙利《童话邮票》

　　我们可以期待：故事与传说专题邮票会越发行越多，越印越精美，越来越受到更多集邮者的喜爱。

二

神话故事

　　神话反映了人类童年的思维方式，展示了人类智力发展的起点，也是原始先民探索世界、认识自我的证明。一方面神话表现了先民对现实世界的茫然；一方面也反映了他们消解迷惘的不懈努力。面对无限多样性的世界，面对无垠的天宇，浩瀚的海洋，广袤的土地，我们的祖先充满了好奇和崇敬。先民们以丰富的想象来解构世界，在他们的认识范围内对整个宇宙进行了"合理"的解

图2-1　T120-1
《盘古开天》

释。回顾古老的神话，我们或许会觉得先人的幼稚，但我们切莫忘记：人类就是从这里逐渐走向成熟的，人类的各种精神活动——文学、宗教、艺术、哲学、历史等，都从这里起步，构成了人文学科异常壮丽的景象。倘若要了解人类的文明史、要了解人类思维的进化史，那么一定要认识神话。

1. 盘古开天

　　传说宇宙没有形成的时候，是一个鸡蛋模样的浑圆东西，混混沌沌的。既分不出上下，又辨不出前后，更不要说左右的

图2-2　1993中国台湾《中国古代神话》盘古

24

区别了。就像鸡蛋有蛋黄一样，浑圆东西也有一个中心，孕育着我们的始祖盘古。经过一万八千年的漫长发育，完全成熟的盘古拿起自己造的巨斧，"啪"的一下从里面劈开了这浑圆东西，像一只刚刚孵化好的小鸡似的破壳而出。

这浑圆东西被盘古一劈开，马上分做了不同的两半。其中轻而清的部分一天一丈不住地往上升，久而久之成了碧空万里的蓝天；重而浊的部分则一天一丈不停地向下沉，久而久之成了广阔无垠的大地。盘古自己也在一天一丈地长起来，终于成为一个顶天立地的巨人。不知不觉间，又一个一万八千年过去了。

只有一个人孤孤单单生活的天地，因为是盘古开辟的，只能随着他的喜怒哀乐而变化。盘古高兴了，天空就晴朗着万里无云；盘古发怒了，天空就阴沉着乌云滚滚。盘古要是哭泣了，马上就会有倾盆大雨泼下来；盘古要是叹气了，立刻就会有飞沙走石的狂风刮过来。盘古眨眨眼睛，就会发生耀眼的闪电；盘古打打呼噜，就会传来轰隆的雷鸣。

不知过了几个一万八千年，盘古终于头东脚西长眠在了他开辟的天地间。盘古虽然去世了，但他隆起的头成了气势雄伟的东岳泰山，朝天的脚趾成了群峰壁立的西岳华山，高挺的肚子成了风光秀丽的中岳嵩山，南边的左臂成了重峦叠翠的南岳衡山，西边的右臂成了气象万千的西岳恒山。盘古的头发和汗毛，也变成了大地上的树木和花草。就是说，盘古将自己身体的一切，都投入创造宇宙的伟业之中了。

2．女娲造人

盘古开天辟地后，整个天地间只有他孤孤单单的一个人。盘古去世后，天地间就空荡荡的，一个人都没有了。

也不知过了多少多

图 2-3 T120-2
《女娲造人》

图 2-4 1993 中国台湾
《中国古代神话》女娲造人

少年，天地间终于又出现了一个我们的始祖，就是人首蛇身的女娲。可女娲也是一个人孤孤单单地生活在天地间，实在是太寂寞了。得想法造一批人，陪着自己一起生活才好。

女娲有了造人的想法，马上就动起手来付诸实践。她挑来干净的黄土，用水和成泥巴，便精心捏起泥人来。一会儿捏个男的，一会儿又捏个女的，捏完只要向泥人吹一口气，再往地上一撂，这些泥人就活了。捏一个，活一个；捏两个，活一双；捏多少，就活多少。不但会跑会跳，还能说能笑呢。不大功夫儿，女娲造好的人就把她团团围住了，热热闹闹地吵着、嚷着、蹦着、跳着，彻底打破了往昔的寂静。

女娲不停地捏呀捏的，确实有点累了，便想歇一歇。可她低头一看，和好的泥巴还多着呢，就有点不耐烦了，顺手从地上捡起一根藤条，使劲向泥巴抽打起来。不想，藤条抽打泥巴溅起的大小泥点子，瞬间就变成了大大小小活蹦乱跳的人。如此一来，女娲造人的速度大大地加快了。

因为女娲造出了男人和女人，他们一对一对结成夫妻，为人父为人母，养育了众多的子孙后代。

3. 女娲补天

女娲造人以后，不但地上是一片安居乐业的升平景象，就连天上的日月星辰，也都各司其职地运转起来了。

图 2-5　1993 中国台湾
《中国古代神话》
女娲补天

可是好景不长，不知为什么，水神共工和火神祝融忽然打起来了。只见他们你死我活地从天上打到地下，又从地下打到天上，闹的是乌烟瘴气，不得安宁。打到最后，还是火神祝融胜了。不服输的水神共工咽不下这口窝囊气，一怒之下竟撞向不周山。霎时间，不周山一下子就崩塌了，这根支撑在天地间的大柱子一断，天紧跟着倒了半边，露出一个大窟窿；大地这会儿也撕开了，洪水从里面"哗哗"地往外喷涌着，扑向四散逃命的人们。

眼见刚刚过上好日子的子民惨遭横祸，女娲心里难受极了，"不行，要赶紧把天补上，只有这样才能把大家从灾难中救出来"。下定了决心的女娲在周游四海、遍涉河山后，来到东海外面的天台山。她在山顶堆巨石为炉，取五色土为料，又借来太阳神火，经过九天九夜的时间，炼出 36501 块补天用的五彩巨石，再用九天九夜的时间拿 36500 块五彩巨石，把天上露出的大窟窿还真的补好了。剩下的那块留在天台山的五彩巨石，曹雪芹用到《红楼梦》里了。

天是补好了，可没有柱子支撑，早晚还得塌下来。情急之下的女娲也顾不了许多了，随手抓过背负天台山的神龟，砍下它的四只脚做了柱子。待忙完上面的事再低头一看，底下仍是一片泽国呢，她又跑进苇荡割来大把大把的芦苇，烧成灰拼命往裂缝里塞，总算把四溢的洪水堵住了。

经过女娲的一番整治，天补好了，地填平了，水也止住了，宇宙也重现了生机，人们开始了新生活。只是这场灾难实在是太大了，留下的痕迹直到今天也没有完全消除。你看，天空是不是还有点向西北倾斜，以致太阳、月亮都自然地落在西方；而大地又有些往东南凹陷，所以江河就流向那里汇入大海。

4. 钻木取火

很久很久以前，在世界最荒远的西方，曾有一个燧明国。燧明国离我们真是太遥远了，远的太阳和月亮的光芒都不肯光顾它。

燧明国一年到头不见日月，到处都是黑漆漆的一团，根本就没有什么昼夜之别。可就是这个伸手不见五指的国度，却莫名其妙地生长着一棵名为燧木的火树。又高又大的燧木，树干高到了九重天，枝叶覆盖了一万顷。更奇特的是在燧木的树枝上，住着一只鱼鹰似的小鸟，只要它用尖硬的小嘴一啄燧木，整棵大树就会迸发出一片耀眼的火光，把燧明国照的通亮通

图 2-6　1994 中国台湾《中国古代神话》燧人氏

YOUPIAO TUSHUO ZHONGGUO GUSHI YU CHUANSHUO

亮的。借着这火光，全国上下不论国王还是百姓，都会抓紧时间一溜小跑着忙碌起来，等火光一熄大家就只能睡觉了。

也不知是在哪年哪月，燧明国破天荒地从外面来了一个漫游天下的行者。就在他摸黑来到燧木下准备休息的时候，恰好树上住的那只小鸟啄了一下树干。这一啄，让他意想不到的事发生了，只见暗无天日的燧明国一下子竟亮如白昼，和自己的家乡没什么两样。他就想：小鸟能在树上啄出火光来，我要是用这树上的树枝往树上戳一下，又会怎样呢？想到这，他顺手就从树上折了一根树枝，学着小鸟啄树的样子往树上轻轻一戳，燧木真的又迸发出几颗火花。再用别的树枝一试，除了费些力气要钻几下外，效果也是一样的。

想不到没有日月的燧明国取火竟是这般容易，再想想家乡的乡亲们采集、守护火种的百般不易，他毅然决定不再云游天下了，立即收拾行囊千里迢迢回到久别的家乡，把在燧明国学到的钻木取火方法，一五一十毫无保留地教给乡亲们。打这以后，人们再也不为采集、守护火种犯愁了。

为了感激他给人们带来了光和热，大家便尊他为燧人氏，意思是取火者。

5. 伏羲画八卦

相传远古的时候，浩渺的雷泽有一个大大的脚印，来游玩的漂亮姑娘华胥氏见了很好奇，就把自己的两只脚踏了进去。不想脚刚落地，就觉得身子好像被蛇缠住了似的，她还不知道呢，这是有感而孕了。十二年后的三月十八日，华胥氏生下一个人首蛇身的小男孩，取名伏羲。司马迁在《史记》里，是记为伏牺的。伏羲看来就是雷神的儿子，是人面蛇身的形象，能够经建木上下于天。

图2-7　1994 中国台湾
《中国古代神话》伏羲氏

伏羲长大了，与同是人首蛇身的妹妹女娲结了婚，生下一大堆的儿女，成为我们中华民族的人文始祖。唐朝的李冗在其所著《独异志》中写道："昔宇宙初开之时，只有女娲兄妹二人，在昆仑山下，而天下未有人民。

议以为夫妇，又自羞耻。兄即与妹上昆仑山，咒曰：'天若遗我兄妹二人为夫妇，而烟悉合，若不，使烟散'。于烟即合，二人即结为夫妇"。

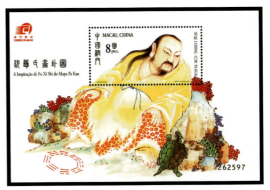

伏羲生活的时代，人们对下雨刮风、电闪雷鸣等自然现象是搞不懂的。天生聪慧的伏羲为了弄明白其中的道理，常常跑上高高的卦台山，仰观天上的日月星辰，俯察山下的地形方位，对飞禽走兽身上的花纹也要研究一番，有时连它们留在地上的脚印也不放过。

图2-8　2012中国澳门《易经，八卦》

有一天，伏羲又来到卦台山。刚登上山顶，就听远处传来一阵紧似一称的吼声，只见从卦台山对面的山洞里，突然跃出一匹龙头马身、披有神奇花纹的龙马，一下就跳到渭河中一块状如太极的巨石上。

见此情形，伏羲顿时有所了悟，他赶紧折了一根草秆儿，蹲在地上比着龙马身上的花纹，一通道儿当阳、一断道儿当阴，一阳二阴、一阴二阳，来回搭配画了起来。就这样画着想着，想着画着，经过九九八十一天，伏羲终于根据天地间阴阳变化之理，画出了概括天地万事万物的以乾、兑、离、震、巽、坎、艮、坤为内容的八卦图，包括了天地万物的种种情况，人们拿他来记载和推测生产生活中发生的各种事情。

八卦传到欧洲后，德国哲学家、数学家莱布尼兹根据其"两仪，四象，八卦，十六，三十二,六十四卦"的原理，发明了二进制，成为当今信息科学的理论基础。

史传上又说：伏羲仿照蛛网，结绳编网，教人们捕鱼网鸟。伏羲又名包牺氏，意思就是取雷火将动物炮熟，以变茹腥之食。

伏羲神话。关于中国文化创造的神话。伏羲又叫太昊伏羲，据说，是华胥氏踩了雷泽中雷神的足印生出的儿子。他能够沿着生长在都广之野的作为天梯的建木"上下于天"。

伏羲有许多创造发明，主要说他坐在一座方坛上，听了八方风的乐音，便画出乾、坤、震、巽、坎、离、艮、兑八种悬挂的符号，叫作八卦，以代表天地间的种种事物。他又模仿蜘蛛结网，制作了捕鱼的网。他的臣子句芒，则根据这种原理，做了捕鸟的罗。伏羲还制作了瑟，创造了《贺辩》的乐曲。上古文明的曙光，在传说中的伏羲时代就显露出来了。

图2-9　PFS9《高句丽古墓壁画·伏羲女娲图》

伏羲后来做了东方的天帝，他的臣子句芒，便做了他的属神。传说中还有伏羲与女娲为夫妇的说法。此说大约出现于西汉时代。东汉王延寿《鲁灵光殿赋》有"伏羲鳞身，女娲蛇躯"语。东汉武梁祠石室画像上即有人首蛇身的伏羲、女娲交尾的图像，一边标明是伏羲，另一边可能是女娲。

6. 神农造农具

神农本是姜水流域姜姓部落的首领，因发明农具、教民稼穑，才世号神农的。据司马贞《三皇本纪》载："神农氏，姜姓以火德王"。《淮南子》也说他："乘火德而王天下，三岁知稼穑之宜，天生菽粟八蜡合万国之享民重农功。以其神于农业，故曰神农。神农之教曰：丈夫丁壮而不耕，天下有受其饥者，妇人当年而不织，天下有受其寒者，故身自耕妻亲蚕以为天下先"。

上古的人们是靠打猎过日子的。慢慢的，天上的飞禽越打越少，地上的走兽越打越稀，眼看就要饿肚子

图2-10　1994 中国台湾《中国古代神话》神农氏

了。就在大家发愁的时候，一只周身通红的小鸟，衔着一颗五彩九穗谷飞来，掠过神农头顶时恰口一张，九穗谷就落了下来。不大功夫儿，成片成片的谷子就长出来了，每棵都结了粗壮的谷穗，神农顺手摘了一穗揉一揉又搓一搓，把饱满的谷粒放进嘴里尝了尝，真香啊！有了谷子，人们就不会饿肚子了。他赶紧教人砍倒树木，割去野草，用斧头、锄头、耒耜等农具开出农田，种满了谷子。

谷子丰收了，神农又想：既然谷子可以源源不断地年复一年地种植，那其他草木之实呢？要是多些品种，人们的吃饭问题就解决了。可那会儿的五谷是和杂草长在一起的，哪个能吃哪个不能吃，谁都不知道。神农便一样一样地尝，一种一种地试，终于从百草中发现了稻、黍、稷、麦、菽，神农从此又成了咱们的"五谷爷"。这在《逸周书》中也是有记载的："神农之时，天雨粟，神农遂耕种之；作陶冶斤斧，为耒耜锄耨，以垦草莽，然后五谷与助，百果藏实"。

种庄稼是要除草的，神农自然也不例外。他除草时，手里拿着石片一边走一边喊："草死，苗长"。大家也跟着有样学样。后来人们改用铲子去铲草，有时劲使大了铲子就弯了，只好反过来扒着使，从此就有了锄头。

7. 仓颉造字

仓颉是黄帝手下一个专门管理牲口和粮食的小官，因为聪明又尽责，所以圈里有多少牲口，囤里有多少粮食，他都记得一清二楚，从未出过差错。

黄帝的时候，天下是风调雨顺的。这样一来，圈里的牲口越养越多，囤里的粮食也越藏越多了，仓颉觉得脑子不够用了，怎么办呢？仓颉有法子。他找来许多各种颜色的绳子，依照不同的管理事项，每增加一个就打一个结，减少一个就解一个结。可是结绳记事也有不便之处，那就是打结容易解结难。不过，这难不倒仓颉。他找来贝壳，今后凡是多了几个就往绳子上挂几个贝壳，反之就摘下来。

黄帝见仓颉这么能干，干脆把每年祭祀的次数，狩猎收获的分配，部落人丁的增减等需要记录的大事

图 2-11　1994 中国台湾《中国古代神话》仓颉

小情，全都交给他。这么多的事儿，光靠结绳子、挂贝壳是不行了。

一天，仓颉在一个路口见两个人正在为往哪边追猎物争吵着。一个说要往西，那边有羚羊；另一个说要朝东，那边有老虎。仓颉感到有点奇怪，他们是怎么知道猎物在哪的？一问，原来是地上有野兽留下的脚印啊。仓颉心中一喜：既然一个脚印代表了一种野兽，那我为什么不能发明一种符号，来表示我管理的东西呢！回到家里，仓颉便开始了各种符号的创造，然后又用这些符号把事情管理的井井有条。从此，天下就有了文字。

仓颉因为造了字，不但黄帝高兴，百姓也是夸赞有加，就有点飘飘然了，造字也马虎起来。有位一百二十岁的老人知道了，便去找他，说是讨教讨教。仓颉见这么大年纪的人都来向他请教，得意极了，催老人快快说来。可老人却不慌不忙的，慢悠悠地说："你造的'马'、'驴'、'骡'都是四条腿，牛也有四条腿，可你造的'牛'怎么只有一条尾巴呢？"仓颉一听就慌了，怪自己太马虎了。原来他造"鱼"字的时候，是要写成"牛"样的；造"牛"字是要写成"鱼"样的。仓颉明白自己的骄傲已铸成了大错，可这些字早就传遍天下，想改都来不及了。

惭愧至极的仓颉，向老人连连忏悔着。从此以后，仓颉每造一个字，都要反复推敲，还要拿去征求别人的意见，再也不敢马虎了。

8．后羿射日

还是尧做国君的时候，天上一下子来了十个太阳，每天高高地挂在半空里，把大地晒得像一块烧红的铁板。禾苗焦了，草木死了，恶禽猛兽也乘机出来捣乱，百姓们真是苦不堪言。

图 2-12　T120-3
《羿射九日》

天帝俊见人间如此悲惨，不由心生怜悯，命人将善射的后羿招来，赐给他一张红色的神弓和一口袋白色的可以系上绳子射出去的箭，让他凭自己的本领去解除百姓们的痛苦。

后羿自然知道是谁害的百姓民不聊生的。他领命辞别天帝来到凡间，找到离天最近的昆仑山，奋力攀上山顶。极目远望，十个太阳还在得意地说笑着。说时迟，那时快，趁它们还没觉察到危险，后羿从背上摘下神弓，迅速搭好箭，"嗖、嗖……"连发数枝，一口气射落了九个太阳。百姓们见天上突然掉下九个太阳，都欢呼雀跃起来，跑过去一看，哪有什么太阳，躺在地上的不过是九只硕大的金乌。这才明白天上的太阳是金乌的化身啊。

剩下的那个太阳，见同伴都给后羿射落了，吓得赶紧躲到山后面，再也不敢出来了。这下麻烦大了，太阳多了不行，没有太阳更不行。大地整日都让寒冷的夜色笼罩着，庄稼根本就长不成。可任凭你千呼万唤，那个太阳就是不出来。正当百姓们束手无策之际，忽闻远处传来雄鸡一声声的啼鸣，太阳从山后露出笑脸，慢慢爬出来了。原来，金乌和雄鸡是一对亲兄弟。雄鸡一唱，天下太平，太阳也就老老实实地按时作息了。

后羿射落了九个太阳，本以为会受到天帝的表扬。等复命时见了面，才发现天帝正为自己射杀了他的九个儿子，独自生闷气呢。

9．嫦娥奔月

后羿没能正确领会天帝的意图，射落了九个太阳，惹得他十分生气。后羿实在无法在天上正常生活，只好重回凡间找感觉。

一天，闲来无事的后羿打算去昆仑山访友求道。也是

图2-13 T120-4
《嫦娥奔月》

图2-14 1999-2-6
《嫦娥奔月》

图2-15 1966中国台湾
《民俗邮票》中秋

图2-16 1994
中国香港《中国
传统节日》中秋节

巧了，竟在半路上遇到了西王母。善解人意的西王母其实早就知道了后羿的窘境，感慨一番后于同情之余，顺手送他一包长生不老的神药。说是服下此药，马上就能变成无忧无虑的神仙。得道成仙一直是后羿梦寐以求之事，只是这长生不老的神药，刚够一个人吃的。想想家里还有恩爱貌美的妻子嫦娥，不吃也罢。

后羿回到家里，把西王母送药一事讲给嫦娥听，然后很信任地将药交给妻子，让她放到梳妆台上的百宝匣里收好。后羿外出行猎去了，独自在家的嫦娥打开百宝匣，愣愣地注视着后羿带回家的神药，幻想着变成神仙的美妙情形。想着想着，不免动了心思：这神药老放着不用，还真有点可惜了的。心眼一活，伸手把药抓起来，一口吞了进去。到底是神药，刚一落肚，嫦娥就控制不住地飘起来，向着月亮飞去了。

等可怜的后羿扛着猎物，兴冲冲地回到家里，往日的娇妻早已无影无踪了。住在广寒宫里的嫦娥，因清凄冷寂倍感惆怅，真后悔偷服灵药，可再也难回凡间的生活了。

10. 夸父追日

夸父追日的故事，源自《山海经·海外北经》。

住在北方荒野成都载天山上的巨人夸父，传说是幽冥之神后土的后代。平日里的夸父，手里总是拿着两条黄蛇，就连耳朵上也要挂着两条黄蛇。

一天，夸父看太阳渐渐西沉，快要落山了，突然间萌发追赶它的念头。他运足全身的气力，追啊追啊，终于在太阳就要落进禺谷的时候，汗流浃背地赶上了。

太渴了！尽管夸父喝干了黄河和渭河里的水，还是渴得厉害。他往北方走去，想再喝大泽里的水，只是刚刚走到半道上，竟给渴死了。

夸父在临终前，使劲把手里的拐杖抛了出去。拐杖一落地，眨眼的工夫就长成一片鲜果累累的桃林。路人口渴了，都可以摘来吃。

图2-17 T120-5
《夸父逐日》

11．精卫填海

精卫填海的故事，源自《山海经·北山经》。

远古的时候，在一座名叫发鸠的山上，生有好多好多的柘树。树上常常跳跃着一只白嘴巴、红脚爪，长得像乌鸦一样的小鸟。只因它的啼鸣声好似"精卫，精卫"，人们便因鸣而名，称其为"精卫"了。

图 2-18 T120-6
《精卫填海》

这只头上长有花纹的小鸟，原本是炎帝最喜爱的小女儿。这位名叫女娃的小女儿特别爱玩水，常常跑到东海去游泳。一次遭遇突如其来的狂风，被无情的巨浪吞没了。

女娃遇难后，变幻化成美丽的精卫鸟。精卫鸟自日出至日落，一天又一天，一月又一月，一年又一年，周而复始，永不停歇地从西山衔来树枝、石块，飞到东海的海面上投下。她是想把东海填平，以免悲剧重演啊。

<h1 style="text-align:center">三</h1>

历史传说故事

　　传说是民间文学领域里散文体的口头叙事文学之一种，是指广大民众以口头方式创作、以口头方式传播，与一定的历史人物、历史事件或地方古迹、自然风物、社会习俗等有关的散文叙事作品。传说被人们统称为"口传的历史"，这说明传说在个民族民间文学中具有历史性和可信性的显著特征。传说不完全是历史，不局限于历史，他往往借助于历史的影子，去做大胆的虚构与创作，有时还将历史人物加以神化。

1. 管鲍之交

　　管鲍之交的故事，源自《史记·管晏列传》。

　　管仲字夷吾，颍上人。小的时候常与鲍叔牙一起做生意，鲍叔牙知道管仲的能力很强。管仲家比较贫困，做生意所得往往自己多拿，鲍叔牙也不认为管仲贪心。后来他们都在齐国从政，鲍叔牙辅佐齐公子小白，管仲则跟随齐公子纠。齐国公子争夺王位时，管仲曾经差一点把公子小白射死。到后来公子小白成为齐桓公，公子纠被杀死，管仲则成为阶下囚了。

　　齐桓公让鲍叔牙担任太宰，鲍叔牙推辞说："大王对我恩惠有加，让我不至于受冻挨饿，这是你的恩赐。但是让我管理国家，就不是我能够胜任的了。这恐怕只有

图 3-1　2007 中国澳门
《成语故事·管鲍之交》

管仲才行。"齐桓公对鲍叔牙极力推举管仲心存疑虑，说管仲一箭射中他衣服上的带钩，差点要了他的命。鲍叔牙讲：那是他为自己的君主效力，如果大王能够宽宥他，他也会同样为大王效力的。

于是齐桓公放出管仲，向他请教治理国家的对策。管仲也确实有治国之才，讲得头头是道，齐桓公大悦，就拜管仲为相，号称"仲父"。后来齐国通货积财，富国强兵，齐桓公九合诸侯，一匡天下，成就霸业，都用的是管仲的谋略。

鲍叔牙反而位居管仲之下，他的子孙世代在齐国为官，享有封邑十余处，天下人都不多说管仲的贤能，而说鲍叔牙的能识人善任啊。管仲也说：生我者父母，知我者鲍子也！

2．卧薪尝胆

卧薪尝胆的故事，源自《史记·越王勾践世家》。

春秋末年的时候，吴王夫差以替父报仇为借口，率军向越国大举进攻。面对实力强劲的吴军，越王勾践只好签订城下之盟，向夫差举起了白旗。

得意洋洋的夫差将勾践夫妇押回吴国，让他们住进老吴王墓前的小石屋里，一边看墓赎罪，一边放牧养马。这位备受屈辱的勾践，没有表现出一丝的不满来。只要夫差外出，勾践就会手执马鞭，走在马车的前面，恭顺极了。

转瞬间三年过去了，看着已被磨去棱角的勾践，夫差觉得对他的惩罚足够了，谅他今后再也不敢跟自己叫板，就把勾践夫妇放了回去。其

图 3-2　2010-9-2《卧薪尝胆》　　图 3-3　1975中国台湾《中国民间故事·卧薪尝胆》　　图 3-4　2001中国澳门《成语故事·卧薪尝胆》

实，勾践在吴国的所作所为，都是用来迷惑夫差的。重返越国也是他的谋臣范蠡等人运动的结果。在他的心里，早已埋下的复仇种子。

回到越国的勾践，为了不让自己忘记雪恨，晚上就睡在柴堆里，连被褥都不要；为了提醒自己不忘饱受的屈辱，又在房梁上悬挂了一颗猪胆，不论饭前还是睡前都舔上一口，品尝一下难以下咽的苦滋味。就这样，励精图治的勾践食不加肉、衣不重彩，经过"十年生聚，十年教训"，终于使越国强盛起来。不久，勾践便利用夫差北上争霸的机会，一举攻陷吴国。求和不成的夫差，万分羞愧地自杀了，吴国也随之灭亡了。

3. 田单复国

图3-5　1975
中国台湾《中国民间
故事·田单复国》

田单复国的故事，源自《史记·田单列传》。

战国的时候，潽王治理下的齐国，内为人民怨恨，外被诸侯仇视，终于在公元前284年遭到秦、燕、赵、魏、韩五国的联合攻击。其他四国在大破齐军并斩杀齐将韩聂后，相继退兵了。只有燕国大将乐毅，还在亲率燕军继续攻齐。乐毅的燕军不仅攻陷了齐都临淄，还占领了齐国七十余城。大败后的齐国危在旦夕，只剩莒（今山东莒县）和即墨（今山东平度东南）两城了。屋漏偏逢连阴雨，楚国也来趁火打劫，杀了潽王。

坚持抗敌的即墨大夫在战斗中牺牲了，大家公推逃到即墨避难的田单做城守，带领军民共同抗敌。懂兵法、善计谋的田单，本是齐国王族之后。在他的指挥下，即墨军民在乐毅的围困中，已坚持了三年之久。

田单知道，要打败强大的燕军，光凭军事实力是不行的。思来想去，田单使出了一出反间计，让燕王对智勇双全的乐毅起了疑心。不久，刚愎自用的劫骑便抢夺了乐毅的指挥位置。而此时的田单，一面到处散布齐国已得天助的流言；一面把部队隐藏了起来，留在城头的，全是些老幼妇孺。

为了迷惑自称比乐毅还厉害的劫骑，田单又装出一副快要投降的样子，让人暗中送他许多的金子，请劫骑在攻进即墨时对自己手下留情。此时此刻，燕军的警惕性彻底丧失了。田单却没闲着，他叫兵士们找来近千头健壮的黄牛，除在牛身画上令人恐怖的奇彩异纹外，还在牛角上绑了尖刀，牛尾拖着一把浸过油的芦苇。

一天深夜，随着一声震耳欲聋的号令，即墨城的城门突然大开。围城的燕军还没弄清是怎么回事儿，尾巴着火的牛群已狂奔着冲了过来，被牛蹄踩死、尖刀扎死、火把烧死的不计其数。剩下几个没死的，也四散逃命去了。

乘胜追击的田单，趁势收复了全部失地，恢复了齐国原来的疆土，并在临淄迎来了新齐王。

4．毛遂自荐

毛遂自荐的故事，源自《史记·平原君列传》。毛遂是平原君的一位食客。

赵孝成王九年（公元前257）的时候，潮水一样涌来的秦军，将赵国的都城邯郸像铁桶似地围了起来。为解燃眉之急，赵王让相国平原君马上出使楚国，请楚王发兵共同抗秦。

临行前，平原君打算从自己蓄养的食客中挑选20位智勇双全之辈，组成智囊班子，随他一同前往楚国。

图3-6　2010-9-3
《毛遂自荐》

可他在选出19人后，就再也挑不出合适的人了。尴尬之际，毛遂主动站出来："听说您的使团还缺一个人，让我去凑个数吧"。

尽管毛遂投到平原君门下已经三年了，可平原君对他并不熟悉，所以不想带他，理由是："一个有本事的人活在世上，就好比一把装进布袋的锥子，锥尖马上就能戳破布袋露出来。而你来我这三年了，我竟没听别人提起过你，说明你一无所长，不适合与我一起使楚，还是留下吧"。

平原君都这样不客气了，毛遂却不气馁，只听他不紧不慢地说："今天就请您把我当作锥子放进布袋吧。如果早放进去的话，甭说锥尖了，恐怕整把锥子都会像禾穗一样挺出来呢"。见毛遂是如此的执着，平原君只能同意了。一路上，平原君都在暗中细细地观察他的言行举止，发现他果真是个很有见解的人。

到了楚国，平原君刚把赵王联楚抗秦的请求诉与楚王，便遭到楚王的回绝，平原君使出浑身解数，费尽口舌也未能打动他。见此情形，毛遂按着佩剑站了出来，准备帮平原君一起说服楚王。楚王见毛遂只是平原君的一位食客，竟怒冲冲地要把他轰出去。只见毛遂毫无惧色，大声说道："您敢当众叱责我，全赖楚国人多势众。只是现在大王与我不过十步，纵然楚国再强大您也依仗不着，因为大王的性命就掌握在我的手里"。

楚王给毛遂的举动吓呆了，不过毛遂并没打算伤害他，而是给楚王详尽地分析了联合抗秦对双方的好处。找不到反对理由的楚王，答应了赵王的请求，赶紧派兵驰援赵国去了。

5．荆轲刺秦王

图 3-7　1999-2-5
《荆轲刺秦王》

卫国人荆轲，是战国时著名的侠士，到燕国不久就被太子丹奉为座上宾。

公元前 227 年，秦国打败赵国后又剑指燕国。为拯救危如累卵的燕国，太子丹恳请荆轲前往秦国，寻机杀掉秦王政。一身是胆的荆轲爽快地答应下来，稍做准备带着帮手秦舞阳上路了。走到易水的时候，他放声唱道："风萧萧兮易水寒，壮士一去兮不复还"，听的人没有不落泪的，悲壮极了。

为了取得秦王政的信任以便接近他，荆轲还带了两件特别的礼物：一是秦国叛将樊於期的人头；二是燕国督亢（今河北涿州东）的地图。荆轲把这两样东西装进匣子，而行刺用的那把锋利的匕首，就卷在地图的最里面。

听说燕国派人送来两件厚礼，秦王政可高兴了，决定在金碧辉煌的咸阳宫召见荆轲。召见时间到了，只见荆轲神态自若地捧着匣子，不慌不忙地走到秦王政面前，取出地图缓缓地展开。就在地图要展到尽头时，寒光闪闪的匕首露出来了，眼疾手快的荆轲左手一下抓住秦王政的衣袖，右手抄起匕首便刺。太遗憾了，只差一点点，匕首刺空了。

秦王政的反应也是极快的，他一转身爬起来绕着柱子就跑，一边跑一边往外拔腰间的佩剑，可怎么拔也拔不出来，荆轲则举着匕首在后面紧追不舍。因为没有命令，秦王政的卫兵谁也不敢擅自上前，只能大声呐喊着助助威。再看秦舞阳，早就给吓瘫了。

千钧一发之际，秦王政的一个侍臣抓过药袋子，在砸向荆轲的同时大喊："大王，快把剑推到背后去"。秦王政这才醒悟过来，顺势拔出宝剑一下就砍断了荆轲的左腿。跌倒在地的荆轲忍着剧痛，把匕首投向秦王政，结果还是未中，深深地扎到柱子里。这时，接到命令的卫兵一拥而上，杀死了壮志未酬的荆轲。

6. 指鹿为马

指鹿为马的故事，源自《史记·秦始皇本纪》。

赵高早年在秦始皇手下当个小官，在此期间侍奉公子胡亥，教授他刑狱之学。秦始皇在沙丘宫平台驾崩时，赵高与公子胡亥、丞相李斯合谋更改秦始皇遗诏，立胡亥为帝并假借皇帝名义赐死公子扶苏，囚禁蒙恬。秦二世登基后，赵高升任郎中令，怂恿秦二世清洗宗室及大臣，其中包括蒙恬、蒙毅兄弟和沙丘之变的主谋李斯。

图 3-8　2007 中国澳门
《成语故事·指鹿为马》

李斯死后，秦二世任命赵高任中丞相，封安武侯，朝中大小事务皆由赵高决断。赵高虽然大权在握，但仍害怕群臣不肯服从，于是就牵着一只鹿在群臣面前献给秦二世，并说这是一匹马，秦二世以为赵高在和自己开玩笑。赵高又问左右大臣，左右大臣有的缄默不语；有的说是马，来阿谀迎合赵高；有的说是鹿，最后说是鹿的大臣都被赵高暗中迫害，朝中大臣越来越畏惧赵高，这就是成语"指鹿为马"的来历。

赵高后来发动望夷宫之变，逼杀秦二世。赵高本想自立为帝，当他登上大殿时突然感觉地动山摇，赵高知道天意不可违，群臣也不会答应他做皇帝。他于是召集秦朝群臣和诸公子，打算立公子子婴为君，最后却被子婴派宦官韩谈刺杀而死。

7. 四面楚歌

四面楚歌的故事，源自《史记·项羽本纪》。

图 3-9　2009 中国澳门
《成语故事·四面楚歌》

五年的楚汉战争打到公元前 202 年年底的时候，力已不支的楚霸王项羽，终于被汉王刘邦追到垓下团团围困了起来。项羽若想突出去，除非插上翅膀。

困在垓下的项羽，身边的军队已所剩无几了。即便如此，兵强马壮的刘邦还是采纳了谋士的建议，不急于与项羽交手，而是打起了心理战。每当夜幕降临，吃饱喝足的汉军士兵们，便声情并茂地唱起楚地的小调。楚军士兵听了，越发想念家乡的亲人，纷纷开了小差，连杀头都挡不住。

眼见大势已去，心灰意冷的项羽在大帐里以酒解愁，陪伴在身边的只有心爱的虞姬。想到败局已定，死之将至，项羽不禁热泪盈眶，激昂地唱了起来，只是最后一句"虞姬啊虞姬，该怎样把你安排？"让人感到有点英雄气短。

当天夜里，虞姬死在了项羽的怀里。突围不成的项羽无颜面对江东父老，在乌江岸边拔剑自刎。

8. 卜式输财

西汉河南郡的卜式，是孔子门生卜子夏的七世孙，只是他自幼家境贫寒，父母又去世的早，再加上还有小弟弟要抚养，卜式的生活压力有多大就可想而知了。弟弟长大了，卜式把家里所有的财产，全都给了弟弟，自己只要了平时放养的十几只羊，一起进山去了。乡亲们见了，没有不夸赞他的。

图 3-10　1975
中国台湾《中国民间
故事·卜式输财》

十来年过去了，卜式的羊群已繁育到一千多只了。卖掉一部分羊，他回家乡买了一间小草房，又置下几亩向阳地，打算过几天自食其力的安稳日子。这时汉武帝和匈奴正打得不可开交。长年的战争把国库都快掏空了，卜式见国家急等着用钱，便上书汉武帝，表示愿把自己的一半家财捐出来，用以支持边境战事。当时，富豪们藏钱还来不及呢，现在竟有人主动要把钱献出来，岂不是怪了。卜式究竟是什么意思呢，汉武帝派了一位使者到河南郡，找卜式问了个明白。原来卜式既不要当官，又不是有冤屈要上告，就是认为天子讨伐匈奴，有力气的人应该去前线拼死杀敌报效国家，有钱财的人应该在后方捐出家产资助军队。

使者回来将与卜式的对话，原原本本汇报给了汉武帝。不想，这事儿给丞相公孙弘听说了，他竟以小人之心度君子之腹，认为卜式之举不符合人的本性，肯定是图谋不轨。在公孙弘的误导下，此事便没了下文。

边境上与匈奴的战争仍在进行着，一批批的难民涌到河南郡，朝廷连打仗的钱都拿不出来，哪还有钱去救济难民。关键时刻还是卜式，他从家里拿出二十万钱交给河南郡守，让他分给难民们。当汉武帝知道这是先前要捐钱的卜式救的难以后，便拜他为中郎以教化天下。可卜式不愿做官，汉武帝就对他说："你有养羊的经验，正好我在上林苑有几只羊，也没人管，你就帮我放羊吧"。就这样，卜式当了一个穿布衣、着草鞋的放羊中郎。

汉武帝有事路经上林苑，无意间发现自己的羊不但肥了，还多了不少，不禁赞叹起来，问卜式是如何把羊调理好的。卜式说："养羊一定要按时令才行，而且不好的羊要去掉，否则它会把羊群带坏的。这和陛下治理臣民是一个道理啊"。

9. 投笔从戎

投笔从戎的故事，源自《后汉书·班超传》。

自小就立有大志的班超，还是名门出身呢。他的父亲是大名鼎鼎的史学家班彪，他的哥哥是编撰《汉书》的班固。

班超是个不拘小节的人，平日在家里总是帮母亲做些粗活，衣着也不大讲究，可他却非常喜欢读书，因为读书多了，就特别长于与人辩论。汉明帝的时候，班超跟随

图 3-11　1978
中国台湾《中国民间
故事·投笔从戎》

哥哥来到京城洛阳，在官府里做些抄抄写写的事。只是时间一长，班超就厌烦了，觉得这活儿太没出息了。

一天，正在埋头抄写的班超突然心有所感，只见他将手中的笔往桌上狠狠一扔，大声喊着："大丈夫纵然没有雄才大略，也该像傅介子、张骞一样，去西域建功立业，以此封侯。怎么能总是埋头在笔砚之间呢"。不想，同事们听了，没有一个不摇头的，都笑他太异想天开了。班超反讥道："你们这些庸碌之辈，是不会理解壮士高远志向的"。

不久，班超就辞了职，很快又挥别母亲参军去了。在战场建立卓越功勋的班超，后来果真做了汉明帝的使者，数次前往西域，凭借自己的勇敢和智慧，密切了中原与西域的友好关系。

10. 鞠躬尽瘁

图 3-12 2009 中国澳门《成语故事·鞠躬尽瘁》

鞠躬尽瘁的故事，源自《后出师表》。

挟天子令诸侯的曹操刚死，他的儿子曹丕就迫不及待地废了汉献帝，自己做了皇帝。刘备和孙权见了，羡慕得不得了，也匆匆登基当了割据一方的皇帝。从此，大一统的汉王朝分裂成魏、蜀、吴三国。

蜀国的势力范围，大抵在今天的四川、甘肃一带。这里是闻名天下的天府之国，再加上丞相诸葛亮的辅佐，占有天时地利人和的刘备，把蜀国治理的也算是国富民安了。只是没有多久，刘备就去世了，皇位传给了昏庸无能的后主刘禅，他对国家大事一概不问，完全撒手交诸葛亮去处理，自己只管吃喝玩乐。

一心只想北伐中原、恢复汉室的诸葛亮，正忙着一面南征孟获稳定后方，一面交好孙权联吴讨魏。经过积极的战争准备，诸葛亮率领大军北出祁山，踏上了伐魏的征程。就在大军即将出征之际，诸葛亮给后主上了一道奏表即《前出师表》，请他听信忠言、任用贤臣、富国强兵。因为种种原因，诸葛亮北伐失败了，退兵回到蜀国。

过了几年，诸葛亮决定举全国之力再次北伐。又给后主上了一道奏表，就是著名的《后出师表》。刘禅看了，同意了诸葛亮的北伐请求。为什么呢？因为诸葛亮在奏表中，不仅分析了当时的蜀魏形势，而且还向后主表达了他忠贞为国的赤诚之心。"鞠躬尽瘁，死而后已"这句感人至深的名句便出自这里。

11．三余勤读

为人朴实敦厚的董遇，从小就特别喜欢读书。

汉献帝兴平年间，关中的李榷等人发起叛乱，害的百姓们民不聊生，董遇也和哥哥一起逃到朋友段煨家避难。避难期间，他们哥俩儿每天都要上山砍柴，再挑十几里山路赶到集市去卖掉，这样才能填饱饥肠辘辘的肚子。窘迫的生活没有压垮董遇，就是上山砍柴，他也会在怀里揣上一本书，一有空闲就拿出来读上几句。哥哥为此常常讥笑他，可他不急也不恼，只是读书。

图 3-13 1974 中国台湾《中国民间故事·三余勤读》

经过刻苦不懈的努力，董遇成了三国时期著名的学者。他对《老子》很有研究，专门为它做了注释；对《春秋左氏传》董遇也下了大功夫，并根据自己的研读心得，写了《朱墨别异》一书。

附近有个读书人久仰董遇的大名，跑来请他去讲学，他却不肯去，只是反复强调"读书一百遍，它的意思自然就显现出来了"的道理。那个读书人说："您讲的是有道理，只是我苦于没有这么多时间"。董遇告诉他："应该用'三余'读书啊"。见那人还是不明白，董遇便耐心地开导起来，"什么是'三余'呢？'三余'就是三种空闲时间。冬天没有农活，这是一年里的空闲时间；夜晚不能下田劳作，这是一天里的空闲时间；雨天不好出门办事，这也是一种空闲时间啊"。

你看，董遇几乎把所有的时间，都用来读书了。

12．闻鸡起舞

闻鸡起舞的故事，源自《晋书·祖逖传》。

图 3-14　2010-9-4
《闻鸡起舞》

图 3-15　1978 中国台湾
《中国民间故事·闻鸡起舞》

图 3-16　2006 中国香港
《中国成语故事·闻鸡起舞》

　　晋代将领祖逖和刘琨，自小就是一对志同道合、气意相投的好朋友。年轻时两人在司州一起任主簿，白天在衙门里当差，晚上就合盖着一条被子睡觉。

　　祖逖和刘琨所在的西晋，不仅皇族内部相互倾轧，争权夺利；外部的北方少数民族首领也是趁机作乱，以致黄河以北大多沦陷，生活在水深火热之中的百姓痛苦极了。目睹此情此景，祖逖和刘琨不禁暗下决心：一定要学好本领，干出一番事业来，好给国家出把子力气。

　　一天半夜，远方隐隐传来的鸡叫吵醒了正在酣睡的祖逖，他赶紧叫醒睡在旁边的刘琨："你听到鸡叫了吗？"刘琨侧耳静听了一会儿："真的，是鸡在叫。可半夜鸡叫是恶声啊"。祖逖一骨碌爬了起来，一边穿衣一边说："什么恶声啊，这分明是在叫我们快快起床锻炼身体嘛。快起来吧"。刘琨一听，对呀，也跟着起来了。

　　两人来到洒满月光的院子里，顶着繁星拔剑对舞起来，直到东方曙光初现，才汗流涔涔地回去。

13．囊萤夜读

　　囊萤夜读的故事，源自《晋书·车胤传》。

　　车胤是晋朝人，小时候虽然特别爱读书，可家里实在是太穷了，还不到十岁就要和父亲外出打工，这样才能维持一家的温饱。

图 3-17　1975
中国台湾《中国民间
故事·囊萤夜读》

白天做工是很累的。即便这样，每天晚上收工回家后，车胤也要抓紧点滴的时间来读书，只是用不了多一会儿太阳就落山了，屋子里漆黑一团。点灯吧，一家老小连糊口都困难，哪里有买灯油的闲钱呢。

夏天的一个晚上，正在院子里读书的车胤，发现有一道亮光缓缓地飘在眼前。仔细一看，原来是一只飞翔的萤火虫。咦，要是把多多的萤火虫放在一块，不就是一盏不用烧油的灯吗？想到这里，车胤飞也似的跑进屋子，翻出一只白布口袋，拿着去院子外面随便一捉，就有几十只萤火虫被收入囊中。看看差不多了，车胤把口袋一扎，把它当做灯挂在了房梁上。虽说这灯不算太亮，却能用来读书，车胤甭提有多高兴了。

此后的车胤，可以说是乐此不疲，每天都要捉些萤火虫，装进布袋当灯用来读书。

14．勇于改过

勇于改过的故事，源自《晋书·周处传》。

幼年丧父的周处放荡不羁、强悍好斗、祸害乡里，乡亲们都很怕他。因其为害之重、行为之劣，大家偷偷地把他列为与猛虎、恶龙齐名的"三害"之一，只是周处自己不知道罢了。

这一年，家乡义兴风调雨顺，是个难得的丰收年。整日游手好闲的周处见乡亲们仍是一副闷闷不乐的样子，感到很奇怪，便问一位老大爷这是为什么？老大爷叹了口气，说："'三害'不除，怎么高兴得起来"。周处不解地问："什么'三害'，谁是'三害'呀？"老大爷只好壮着胆子告诉他："'三害'是南山上的白额虎，长桥下的恶蛟龙，再有一个就是你啊"。听老大爷这样讲，周处郁闷极了，当即发誓："如果乡亲们只是因为这事才不高兴的，我会把它们除掉的"。经过三天三夜的较量，他终于在南山射死了白额虎，在长桥斩杀了恶蛟龙。

筋疲力尽的周处满怀喜悦回到村里，还以为乡亲们会

图 3-18 1975
中国台湾《中国民间
故事·勇于改过》

因为自己除害有功，受到英雄般的欢迎呢。当他发现乡亲们以为他和猛虎恶龙同归于尽，都在载歌载舞欢呼庆祝的时候，才明白自己过去给乡亲们造成的伤害有多大。

周处悄悄离开家乡，到吴郡找到好朋友陆云，把近来的遭遇全都讲给他听。陆云劝他改掉劣行，重新做人，可周处却担心声名狼藉的自己积怨太深。陆云便开导他，说："古人认为，一个人如果能在早晨明白道理，那么即使在晚上死去，也是可贵的"。同时又激励他："一个人只怕没有好的志向。有了好的志向，又何必担心美名不能传播出去"。

在陆云真诚的帮助下，周处开始发奋读书，很快就变成一个坚持正义的刚直之人。

15. 击鼓歼敌

南宋建炎三年（1129）的初冬时节，金军主帅兀术亲率一支大军从采石矶突然杀过长江，一路如入无人之境连破江南州郡，夺取建康（今江苏南京）后对南宋都城临安（今浙江杭州）形成威逼之势。魂飞魄散的宋高宗这会儿哪还顾得上抵抗，早自顾自逃命去了。

金兀术打进临安大肆劫掠的一番，领着吃饱喝足的金军踏上了北归之路。驻扎在秀州的宋军大将韩世忠得到金兀术北归的情报后，表面上并不声张，仍是整日的聚会宴乐，好像春节还没过完似的，暗地里却在紧急调动部队沿运河水陆并进，抢先占领了京口金山、焦山一带的有利地形，以逸待劳地等着金兀术前来送死。

毫无戒备的金兀术还没走到江边，便远远望见江中布满了旌旗飞扬的战船，这位自与宋军交战以来，几乎从未失过手的金军主帅，见此情形不禁暗中大吃一惊，知道是遇到劲敌了。躲是躲不过了，金兀术只好硬着头皮，

图3-19　1978
中国台湾《中国民间
故事·击鼓歼敌》

图3-20　纪94-2
《抗金兵》

接了韩世忠下的战书，约好第二天开战。

韩世忠的夫人梁红玉也是将门出身，两人商定了对付金兀术的作战方案：韩世忠率部先隐蔽，后根据梁红玉的击鼓挥旗的号令行动，带着埋伏好的前后两队人马杀出来。

第二天，头戴雉尾八宝嵌珠金凤冠，身穿黄金锁子甲的梁红玉，早早就端坐在高高的楼船上了，将整个战场收进眼底。开战啦！只见硝烟里的梁红玉镇定自若地根据战场形势的变化，一面击鼓一面挥旗，引领着韩世忠进退自如地与敌人周旋，终于把金兀术逼进了黄天荡，一围就是四十八天。虽然最后还是叫金兀术跑脱了，可他从此再也不敢随随便便过江了。

抗战爆发后，为激励全国人民的抗日斗志，梅兰芳先生据此编了一出历史剧《抗金兵》，亲自登台饰演击鼓挥旗的梁红玉，受到观众的如潮好评。

16．正气凛然

文天祥，南宋末年抗元民族英雄。

宋理宗宝祐四年（1256），20岁的文天祥从白鹭洲书院来到临安参加进士考试。洋洋洒洒写出一篇主张改善朝政的万言文章。监试官王璘见了大吃一惊，赶紧将文章面呈圣上，宋理宗读了大加赞赏，亲自取文天祥为第一名。以后逐步加升至右丞相。

宋恭帝德祐元年（1275）元军逼近临安。为了缓解危急局面，文天祥出使元营，激昂慷慨地痛斥元军南侵。面对大义凛然的文天祥，元丞相伯颜也是非常钦佩的，便许以高官厚禄引诱他投降。遭到严词拒绝后，伯颜又以死相逼，文天祥也不曾有丝毫的动摇。恼羞成怒的伯颜一计不成又生一计，把他扣留起来押往大都（今北京）。当船驶到京口（今江苏镇江）附近时，文天祥趁押解

图3-21　1980
中国台湾《中国民间
故事·正气凛然》

图3-22　1966
中国台湾《文天祥》

人员不备逃脱了。

历尽千辛万苦，文天祥终于从海路南下，在福州找到新即皇帝位的宋瑞宗赵昰，被任命为枢密使、同督都诸路军马，领兵抗元。帝昰祥兴元年（1278）十二月，元将张弘范自海陆两路突然向广东潮阳大举袭来，寡不敌众的文天祥在海丰以北的五坡岭被俘。次年正月，张弘范用船将文天祥从潮阳解至厓山（今广东新会南海中），途经珠江口零丁洋时，他写出千古绝唱《过零丁洋》，以"人生自古谁无死，留取丹心照汗青"一句，明不屈之志。

南宋终于不可避免地灭亡了。第二年，文天祥被押到大都，关禁在阴暗潮湿的兵马司狱中。不管是变节的南宋丞相留梦炎和受封为瀛国公的宋恭帝厚颜无耻的劝投，还是元朝权臣阿合马亲到狱中的问话，以至面对元丞相孛罗在枢密院堂上的审问，义薄云天的文天祥都是一如既往、不改初衷。

最后，元世祖忽必烈召见文天祥，再一次劝他归顺元朝，可还是被拒绝了。次日，文天祥在大都柴市从容赴死，实现了他"天祥为大宋状元宰相，宋亡，只能死，不能活"的诺言。

四

人物传说故事

我们伟大祖国独有的文明，之所以绵延五千年而不绝，全赖如雨后春笋般层出不穷的思想家、政治家、文学家、教育家、科学家、医学家、军事家等等，与劳动大众共同的发明、创造和实践。作为灿若群星的人杰，他们终其一生或指点迷津、或鞠躬尽瘁、或妙笔生花、或开启民智、或探寻奥秘、或救死扶伤、或保家卫国……。可以毫不夸张地讲，他们建立的不朽伟业，堪称历史长河的重要拐点，深为后人所景仰。经过漫长的岁月，大家便自觉或不自觉地按照各自合理的需求，将发生在他们身上的感人事迹，不断演绎成脍炙人口的动听故事，使之成为推动后世进步的力量源泉。

1. 孔子讲学

孔子，春秋时代思想家、教育家，儒家学说的创始人。

孔子生活在春秋末年，虽是鲁国人，可他的远祖孔父却是宋国大臣。遗憾的是孔父陷入了贵族内讧而惨遭杀害，迫使其子孙不得不

图4-1 1972
中国台湾《先圣先贤
图像·孔子》

图4-2 J162
《孔子诞生二千五百四十周年》

图4-3　1985中国台湾《中国古典诗词——诗经》　　图4-4　2004-2
《麒麟送子》

流亡鲁国。

　　传说孔子的父亲叫郰叔纥，63岁时才娶妻。婚后很长一段时间没有孩子，夫妇两人只好去尼山神宫祈祷，盼望着上苍能早赐贵子。从尼山回来不久的一天夜里，孔母梦中朦朦胧胧的看见一位仙女牵着一头麒麟来，微笑着说："我给您送儿子来了"。可不是吗，那麒麟背上真的端坐着一个虎头虎脑的小男孩呢。孔母正待伸手抱孩子，可那麒麟却大吼一声跑开了。惊醒过来的孔母赶紧把梦中所见告诉给丈夫，郰叔纥听了不等天亮就拉着妻子上了尼山，感谢神灵的恩赐。说来您可能不信，就在他们下山回家的路上，孔母的梦就应验了，在一个山洞里产下孔子，郰叔纥认为儿子是秉承着尼山的灵气而生的，因排行第二，就给他起名为丘，字仲尼。

　　孔子出生不久，郰叔纥就去世了。不过，作为士大夫子弟，孔子还是受到了良好的传统教育，对礼、乐、射、御、书、数六艺烂熟于胸。30岁时他开始招收门徒，传授《诗》、《书》、《礼》、《乐》等古代文化典籍。他整理的《诗经》是我国最早的诗歌集成。

　　孔子是非常想从政的。他在55岁那年毅然带着众弟子离开鲁国，奔走在列国之间，希望能遇到赏识并信任自己的明君，以成就一番强国救民的大业。他曾自信地宣布："苟有用我者，期月而已可也，三年有成"。可没有一个君王敢用他，以致他周游列国十多年备受冷落，常常处在饥寒交迫、狼狈不堪的境地。

一天，孔子一行来到郑国，还未进城，一个意外就把他和弟子们冲散了。孔子哪敢乱走啊，只好孤零零地一个人蹲在城门外面。说来也巧，一个出城办事的郑国人，见他的弟子子贡到处找着什么，就说："城东门外面蹲着个古怪老头，看他的脑门有点像尧帝，看脖子有点像皋陶。只是他那不伦不类的模样，倒像是一条居丧人家的狗。不知他是不是你要找的人？"子贡这才找到老师，又把方才郑国人的话学给孔子，孔子听了笑着自嘲道："他说我像这像那，还真未必。说我像居丧人家的狗，说对了！说对了！！"

政治上不断碰壁的孔子，在情知理想无法实现的情况下，于古稀之年回到鲁国继续办学并终老于杏坛。首创私人讲学的孔子，是我国历史上影响深远的第一位教育家。据《史记》记载，孔子有弟子三千，其中精通六艺者七十二人。"七十子之徒散游诸侯，大者为师傅卿相，小者友教士大夫"。

2. 老子出关

罗纳德·里根做美国总统的时候，有一次谈到自己的施政纲领，居然煞有介事地引用了老子的一句话："治大国，若烹小鲜"。什么意思呢？说白了就是治理一个大国，就好似烹煎小鱼，不可以随意翻动来回折腾的。

老子是春秋时期的思想家，出生在楚苦县厉乡曲仁里，也就是今天的河南鹿邑太清宫镇。传说老子的母亲是无夫而孕的，怀孕81年才从右腋生出一个满头白发，还长着白胡子的小老头，人们见了都称他老子。因老子是在一棵李树下出生的便姓了李，他的耳朵也比别人大好多，名字自然就叫"耳"了。长大后，老子又给自己起了个字——"聃"。

做过周朝"守藏室之史"（管理图书的史官）的老子，书读的比

图4-5 2000-20　　图4-6 1975中国台湾
《古代思想家·老子》《人物图古画·老子出关》

大家多了不少，以致孔子两次跑到东周的都城洛阳问礼于他。老子生活的年代"乱象已萌"，他认为物质的进步和文化的发展败坏了民风，并给人民带来莫大的痛苦。所以，老子特别怀恋远古的原始时代，渴望着能出现一个"小国寡民"的理想社会。

老子憧憬的理想社会究竟什么样呢？应该是个人口稀少的小国。生活这个国度里的人们，虽然有各式各样的生产和生活用具，却不使用它们，而是完全凭借自己的双手去劳动。人们不会拿生命去冒险的，也不会向远处迁徙，外出的时候即使有舟车之便也无人乘坐，而是宁愿迈开双腿步行前往。他们也拥有制造精良的武器，可从来没有机会去使用。这个国家的习俗很淳朴，大家吃得饱，穿得暖，住的也安逸，连记事都恢复成古代结绳的法子。邻国之间尽管鸡鸣狗吠都能听见，但直到老死相互之间都不会往来的。

眼见着周室衰微，礼乐废弛，老子没有像孔子那样领着弟子驱车列国"济天下"，而是独自一人骑着青牛"善其身"，踏上西去的路途一走了之。就在老子快走到函谷关的时候，关令尹喜见有紫气东来，知道必是贵人过关，便以没有关牒做借口将老子拦了下来，硬要老子传道给他。没有办法的老子为了能早日出关，只好在函谷关停下小住几日，以韵文的形式一口气写出洋洋五千言总计八十一篇的著作《老子》。关令尹喜得了《老子》，就打开关门行了方便，老子从此西出函谷关不知所终。

《老子》又称《道德经》。汉时道教创立时尊奉老子为其始祖，《道德经》便成了道教之经典。汉初，统治者把老子的"无为"作为信条，采取"与民生息"的政策，开创了"文景之治"。唐时，李姓皇帝为给脸上贴金，又将老子拉来做自己的先祖，明皇李隆基更是尊其为"太上老君"，奉鹿邑太清宫为家庙。不想，仅过了百多年，黄巢一把火烧了太清宫。说来理由还是玄宗自找的，谁叫你让老子做大唐老祖的。

3. 庄子击盆

庄子，名周，战国哲学家。他认为人们痛苦的原因是圣人们制定的礼乐引起了竞争，提倡的仁义造成了虚伪，而只有道才能使天地万物相通为一。

一天，庄子和宋国另一位知名哲学家惠子在濠河畔散步，看着水里漫游的鱼儿，庄子不禁感慨道："你看，这鱼儿在水里游的多么从容自在啊！真不知道它有多快乐呢"。惠子闻言，立刻反唇相讥："你又不是鱼儿，怎么知道它快乐不快乐"！

图4-7　2000-20
《古代思想家·庄子》

庄子便说："可是你也不是我呀，你怎么知道我知不知道鱼儿很快乐呢？""我当然不是你，不知道你快乐不快乐。但你总不是鱼儿，你不知道鱼儿的快乐是必定无疑的"。

"那咱们还是从头重新说起吧"，庄子一定要弄出个究竟来，"你方才问我怎么知道鱼儿快乐不快乐，这说明你是了解我知道鱼儿快乐不快乐才问的。我告诉你，这是我从自己的感受中体会的。咱们在濠水之滨自得其乐地散步观鱼，这鱼儿也在水底一边悠闲地游来游去，一边从容不迫地偷眼看着咱俩儿。他们当然也和你我一样，甭提多快乐了"。

争论归争论，他俩儿还是志同道合的好朋友。这天，惠子听说庄夫人去世了，急急忙忙就赶往庄子家吊唁去了。不想见了庄子，他跟没事人似的没有一丝悲伤的样子，而且手里还捧着个瓦盆"梆梆"地敲着。"你老婆死了，不悲伤也就罢了，怎么能没心没肺地边敲边唱呢？太过分了"！惠子忍不住责备起来。

"唉！不是这样的"，庄子赶紧向朋友解释，"大家都是哀死乐生的，老婆死了，我也是很悲伤的。可我又想啊，人在当初本没有生，没有生也就没有形质，没有形质当然就没有气了。后来造化变出了阴阳二气，阴阳二气又凝结为有形，这样才从无变出了生，生又变成了死。生来死去的循环变化，就跟春夏秋冬四季变化一样。如此一来，人的生死还有什么快乐和悲伤可言？人死后是要安息在天地之间的，我要是痛哭一番那就是不通天命了。我不会哭的，不但不哭，还要敲着瓦盆唱歌呢"。

4．墨子非攻

图 4-8　2000-20
《古代思想家·墨子》

看过大片《墨攻》的人，一定会对墨子的"兼爱"与"非攻"思想，有个大概的认知吧。

墨子，名翟，春秋末至战国初鲁国人。思想家，墨家说派的创始人。墨子生活的时代，战国七雄为了自己的生死存亡，相互间持续不断地进行着规模越来越大的兼并战争。一次次空前惨烈的战争造成无数鲜活生命的消亡，让出身卑微的墨子无法沉默了。

话说战国初期，楚惠王为恢复昔日的霸权，竭力扩充军队准备进攻弱小的宋国。为此，楚惠王还聘请来最负盛名的能工巧匠公输般，给他制造一种攻城的云梯。有了这玩意儿，攻城的士兵就可以轻轻松松地爬上高高的城墙了。

楚国将攻打宋国的消息，不知怎么被墨子知道了。他急忙奔往楚国，打算说服楚惠王罢兵。他走了跑，跑了又走，走的脚底下全是血泡，血泡磨烂了又渗出了鲜血，只好从衣服上撕下一块布，把脚裹上继续走。就这样马不停蹄地走了十天十夜，终于在楚惠王发兵前赶到了楚国国都郢，先去见了公输般。

墨子对公输般说："北方有个人侮辱了我，您能不能替我杀了他？"公输般听了很不高兴："我怎么能随便杀人呢！"墨子说："要是能帮我杀了那个人，我会送您千金的。"公输般把脸都拉下了，高声嚷道："我是讲理的，绝不会杀人。"墨子听罢，起身向公输般拜了两拜，道："我听说您造了云梯打算去攻打宋国。宋国有什么错呢？您明知这样做不对，却不向惠王据理力争，不能算尽忠吧；假如向惠王劝说了却不能达到目的，不能说是刚强吧。您不肯滥杀一人是讲理，那么去屠城算是讲理吗？"可公输般听了却很无奈，因为他已经答应楚惠王了。

墨子说服不了公输般，只好和他一起去见楚惠王，诚恳地说："楚国方圆5000里，地大物博；宋国不过方圆500里，地少人稀。大王为什么有了华丽的车马，还想要人家的破车呢？为什么要扔了自己的锦绣绸袍，去夺人家的旧褂子呢？"楚惠王听了墨子的话，认为道理是不错，可他觉得既然造好了云梯，不去打一下宋国怪可惜的。公输般也旁敲侧击，说用云梯攻城那是相当有把握的。

墨子见君臣二人一唱一和，根本就没有罢兵的意思，便解下腰带围在地上算是城墙，再找些木块当做云梯，平和地对公输般说："你能攻我就能守，不信咱们就当着大王的面比试比试"。实战演习开始了，只见公输般先是用云梯攻城，墨子就用火箭来烧云梯；一个用撞车去撞城门，另一个就用滚木礌石砸撞车；一个挖地道，另一个便用火熏……。公输般的九套攻城招数使完了，墨子还有很多守城的高招没亮出来呢。不想，已经满盘皆输的公输般却突然说了一句："我有对付您的法子，可是我不说"。墨子听了一笑，道："我知道您的法子，我也不说"。

原来，公输般的法子是杀了墨子，以为这样宋国就守不住了。可他哪里知道，墨子在来楚国之前，已经派三百弟子拿着他设计的防守器械，在宋国的城墙上严阵以待。现在，楚国就是杀了墨子，也是无济于事的。

楚惠王终于明白其中的道理，对墨子佩服极了，当即决定毁掉云梯，不去攻打宋国了。

5. 屈原沉江

屈原，名平，字原，战国时楚地贵族，中国最早的大诗人。

屈原见闻广博，擅长辞令，年轻时深得楚怀王的信赖，做了负责起草法令和接待诸侯宾客的左徒。声誉日隆的屈原，以及他对内革除弊政、对外联齐抗秦政策的主张，受到朝廷中一班小人的忌恨。上官大夫靳尚和令尹子兰暗中相互勾结在

图4-9 1994-9《中国古代文学家·屈原》　图4-10 1967中国台湾《中国诗人·屈原》

图 4-11　2004 中国澳门《文学与人物·离骚》

图 4-12　1994
中国香港《中国传统
节日·端午竞渡》

一起，利用一切可能的机会不断地在怀王那里搬弄是非，极尽中伤和诬陷之能事。软耳朵的怀王对屈原慢慢疏远了。

　　秦惠王为打破六国合纵，派张仪出使楚国游说怀王，说是只要楚齐两国绝交，秦国就割六百里土地给楚国。屈原力谏怀王不可轻信。可面对这块突然从天而降砸到嘴里的大馅饼，怀王不但一口答应与齐国绝交，还当场把忠心为国的屈原赶出都城，流放到荒凉的汉水北面去了。流放中的屈原创作出《离骚》、《九章》、《天问》、《九歌》等著名诗篇。

　　楚齐真的绝交了，可秦国却变了卦，赖账说原先答应割让的土地根本就不是六百里，仅是六里而已。怀王肠子都悔青了，他实在咽不下这口窝囊气，一怒之下又自不量力地发兵攻打秦国。早就衰落的楚国怎么会是强秦的对手，结果自然是损兵折将的空前惨败。怀王还被秦国扣起来，幽禁三年后病死异乡，成为楚国的奇耻大辱。

不辨是非的楚襄王比他老子怀王还昏庸。在靳尚和子兰的调唆下，屈服于秦国压力的襄王，把屈原流放到更偏僻的湘水去了。后来秦国大将白起统率大军势如破竹般地攻进郢都，一把火烧了楚国先王的陵墓。楚国亡了，负屈含冤、报国无门的屈原闻知，只能将满腔的忠诚和悲愤，抒发在回环起伏、激越奔放的诗篇中，然后在五月初五纵身一跃，跳进滚滚流的汨罗江。

失去家国的乡亲们听说屈大夫自沉而去了，满怀着悲痛纷纷涌向汨罗江。大家一边划着小船在风浪里穿梭打捞他的真身，一边"噗通、噗通"地往江里投饭团子喂鱼虾，鱼虾吃饱了就不会咬屈原的身子了。后来，饭团子又变成包着苇叶，缠着彩丝的粽子。有一位老人家还拿来一坛子自己舍不得喝的雄黄酒，缓缓地倾倒在江里，说是蛟龙一喝就会被药晕的，也就不能伤害屈原了。久而久之，由此而来的龙舟竞渡、吃粽子和喝雄黄酒的风俗，便成了以纪念屈原为主题的端午节的保留节目。

6. 司马迁著《史记》

司马迁，西汉史学家、文学家。10岁那年，司马迁就开始了古文书传的学习，打下了坚实的基本功。20岁的时候，为了扩大自己的眼界，他又漫游了全国。待回到长安，司马迁做了汉武帝的侍卫和扈从，多次随驾西巡、出使巴蜀，从而有了深入了解各地风土人情的机会。

司马迁的父亲司马谈也是一位史学家，曾立志编写一部古今通史留给后人。可是繁忙的公务使他无暇顾及此事，只好在临终前将自己的未了宏愿托付给儿子。汉武帝元封三年（公元前108），司马迁继承了父亲留下的太史令一职。太史令的主要职责是管理皇家图籍，这就让他有机会广泛地阅读宫中藏书和大量地调阅皇家档案，在积累

图4-13 1994-9-3 《中国古代文学家·司马迁》

和整理历史资料的基础上，司马迁开始着手《史记》的撰写工作。

天有不测风云。汉武帝天汉二年（公元前99），极受武帝信任的大将李陵，在奉命领军抗击匈奴的战斗中，因寡不敌众投降了。消息传来，朝野哗然。事情很严重，武帝很生气，认为这家伙辱没了自己对他的信任。朝中的大臣们也叽叽喳喳地火上浇油，纷纷指责李陵没有骨气，怎么就不战死呢！只有司马迁不这么想，他认为李陵的投降绝不是贪生怕死，而是等待有利的时机再来报效朝廷。他说："我与李陵从来就没什么交情。可我见他为人仗义、孝敬父母、关心士卒，常常奋不顾身地解救国家之危。这次他领五千士卒与数万匈奴对阵，是在粮秣断绝、退路被切、伤亡殆尽、救援无望时，才无奈地投降的，这是情有可原的"。正在气头上的武帝听司马迁竟敢替降将辩护，不禁勃然大怒，这边将司马迁下了大狱，那边立刻杀了李陵全家。

按当时的法律，获罪之人是可以拿钱自赎的，只是司马迁太穷了，哪里拿得出这许多钱。朋友也有想伸把手帮忙的，一想他得罪的可是当今圣上，就没人敢牵头了。结果就是死罪可免，活罪难逃，司马迁虽然保住了脑袋，却受了割去生殖器的腐刑。遭此奇耻大辱的司马迁真想一死了之，可一想父亲托付的《史记》还没完成，只好打掉牙往肚里咽，强忍痛辱坚强地活下去。在写给老友的《报任安书》这封中国最著名的书信里，他在记述了自己下狱受刑的经过后，又轻松地谈到了对生死的看法：人本来都有一死，有的死比泰山还重，有的死比鸿雁的羽毛还轻。这是死的原因不同造成的，以此来激励自己修史的抱负和决心。

出狱后，满腔悲愤的司马迁以残缺之身，夜以继日地坚持写作，于武帝征和二年（公元前91）完成了中国第一部纪传体通史和传记文学巨著《史记》的撰写和润饰，使起讫黄帝至武帝的三千余年，终于有了可靠的信史。

7. 曹植赋"七步诗"

曹植（192—232），字子建，三国时魏国诗人。

自幼颖慧的曹植是曹操与妻子卞氏的三儿子，据说他10岁的时候，不仅

图 4-14 1994-9
《中国古代文学
家·曹植》

图 4-15 2005-25《洛神赋图》

诵读数十万言的诗、文和辞赋，而且还出言为论、下笔成章呢，深得父亲的宠信。他所做的《洛神赋》言辞优美，描写动情，神人之恋缠绵凄婉，动人心魄。东晋大画家顾恺之把它画成《洛神赋图》留存后世。曹操认为诸子中只有这个儿子"最可定大事"，几次欲立他为太子。可是曹植行为的放任和法禁的屡毁，又不断地引起曹操的震怒，再加上同母大哥曹丕的矫情自饰，曹植终于在立储大战中败下阵来。

建安二十五年（220），曹操病逝了。继承了魏王之位的曹丕，不久又让汉献帝以"禅让"的方式退了位，自己取汉而立做了魏文帝。

曹丕刚刚称帝，曹植的麻烦就来了。新皇帝可是执法不避亲的，他亲自拿弟弟问罪，说曹植在老爸治丧期间恃才蔑礼，这个罪名可不是闹着玩的，弄不好是要杀头的。曹丕是真想直截了当地了断此事，可又担心遭人非议有损自己的形象，便找了个貌似给兄弟一个活命、实则一定要置其于死地的机会，说："父亲在世的时候总是夸你的诗文，可我总觉得是有人给你代笔。这样吧，今天你就做一首诗，时间限定在七步之内。如若不成，就不要怪我治你的死罪了"。

曹植听罢，只是轻轻地点点头："那就请皇上赐题吧"。"就以兄弟为题好了，谁让咱们是亲哥们儿！不过，诗中可不能有兄弟二字呦"。

曹丕的话音还未落地，眉头稍皱的曹植已经迈开双脚，一步一吟道："煮豆持作羹，漉菽以为汁；其在釜下燃，豆在釜中泣；本是同根生，相煎何太急"。吟毕，恰好走完了七步。

与曹植同为建安七子之一的曹丕绝非等闲之辈，怎么能不明白其中的意思呢？听了自然是自取其辱、羞愧难当，只好免了曹植的死罪。可事儿并没完，他用贬爵削邑、徙迁封地等卑鄙手段，不断地打击着曹植，让这位才华横溢的弟弟，终于在抑郁中死在了最后的封地陈郡。

8．陶渊明"不为五斗米折腰"

图4-16　1994-9《中国古代文学家·陶渊明》

陶渊明（365—427），名潜，晋宋时最著名的田园诗人，辞赋家和散文家。

不幸的是，陶渊明在8岁时死了父亲，12岁那年母亲也去世了，自此家世不兴。家道的衰落没有让陶渊明沉沦下去，他像父母在世时一样地埋头苦读，准备有朝一日报效国家。可在讲究门第的晋代，陶渊明怎么也得不到朝廷的重视。后来还是在叔父的引荐下，才在离家乡不远的彭泽做了一个县令。

陶渊明做县令没多久就入冬了，按惯例郡守又该派督邮去所属各县督察了。别看负责督察的督邮品级不高，可还是有些权势的，因为对县令辛苦一年的评价，全凭他一张嘴在郡守那里汇报了，所以弄得县令们对督邮不敢有丝毫的怠慢，同时也把督邮惯得越来越不知天高地厚。

这天，到彭泽来督察的督邮刚在驿馆落下脚，就差县吏去喊陶渊明快快来见。蔑视功名富贵、不肯趋炎附势的陶渊明，平时根本就瞧不上这种依仗上司之名对下发号施令之辈，尽管心里一百个不愿意，可公务在身又不得不去应付一下。真是人在矮檐下，怎能不低头。只是刚要出门，县吏却一把拉住他，好心提醒到："大人，见督邮不但要穿官服，还要束大带呢。不然失了体统，督邮怪罪下来拿它做文章，对您很不利的"。陶渊明一听见个督邮还这样麻烦，忍不住长叹一声，当即做出决定："我是不会为了五斗米去向乡里小人折腰的，不干了总行吧"！说罢取出官印封好便弃官而去。叔父好不容易才给他谋来的彭泽县令，陶渊明前前后后总共才做了八十天，就去寻"芳草鲜美，落英缤纷"、"土地平旷，屋舍俨然"的桃花源去了。

9. 韩愈谏佛

韩愈（768—824），字退之，唐代文学家、哲学家，唐宋八大家之一。因其祖籍昌黎，人们又称他韩昌黎。

图 4-17　J92-3
《古代文学家·韩愈》

早亡父兄的韩愈是嫂子抚养大的，他靠刻苦自学博览群书中了进士，35 岁时在长安做了国子监博士，不久又当上刑部侍郎。他在长安做官的时候，正是佛教最盛行的年代，从官员到百姓几乎没有不信佛的，就连当朝圣上宪宗对其也是笃信不疑。他听人家讲郊外的寺院里有一块佛祖释迦牟尼的遗骨，便忙不迭地兴师动众把它迎到宫里礼拜起来。

韩愈见宪宗对佛教已经完全痴迷了，连国事都不管不顾了，只好写了一篇《谏迎佛骨表》给宪宗，毫不隐讳地劝谏道：

从外国传来的佛教在古时候是没有的。尧、舜、禹这些古代的圣人们根本就不知道有什么佛教，还是把国家治理得很好，他们不仅长寿，在位的时间也长久。佛教是东汉明帝时传来的，可明帝在位不过 18 年。宋、齐、梁、陈和北魏后的各朝对佛教可以说是无比的信奉，但它们没有一个不是短命的。梁武帝对佛教更是崇尚有加，不仅祭祀不杀牲畜，自己也不吃荤腥，还三次扔下国家跑到寺院里做和尚，本意是想求得佛的保佑，最后却被叛军围起来活活饿死了。

陛下如今对佛也给了最高的礼遇，还将佛骨迎到宫里供奉着，结果是王公大臣们奔走不绝施舍钱财，而那些贫穷愚昧的百姓，则发疯似的烧自己的身体，以此表示对佛的虔诚。这件被人们当作笑话四处传播的伤风败俗之事，可不是小事啊！依我看来，最好是把那块佛骨扔到水塘或火坑里。

宪宗读罢《谏迎佛骨表》，鼻子都给气歪了，一定要治韩愈的死罪才解心头之恨。他以为韩愈的《谏迎佛骨表》不仅与自己作对，还用古代的事影射他活不长。也是天不该绝，在宰相裴度巧妙的斡旋下，韩愈最后只受到贬为潮州刺史的处分，离开了是非之地长安。

潮州在唐代还是一个很偏僻的地方，韩愈一到任就听说当地恶溪里的鳄鱼常常伤害人畜。怎样才能除掉这个危害呢？韩愈左思右想，终于想出一个法子。一天，韩愈让手下买些猪羊先投到恶溪里，待鳄鱼吃饱后，他不慌不忙地拿出事先写好的《祭鳄鱼文》，在溪畔高声朗读起来，说是限其于七日内统统迁到南海去，否则本官就不客气。说来也巧，当天夜里突然来了台风，一场暴雨把恶溪彻底改了模样。鳄鱼在变了的新环境里活不下，只好乖乖地迁走了。

10. 柳宗元论师道

图4-18　J92-4
《古代文学家·柳宗元》

柳宗元（773—819），河东（今山西永济）人，世称柳河东，唐代文学家、哲学家，与韩愈共倡唐代古文运动，位列唐宋八大家之一。又因官终柳州刺史，故人称柳柳州。

遭受政治打击的柳宗元在永州落脚不多久，有个叫韦中立的年轻人因仰慕他的文才，不远万里专程从长安跑来永州找到柳宗元，希望拜他为师学习古文的写作技巧。当时的唐朝社会，门第、血统依然是士人走向仕途的重要门径，读书求教、好为人师是贵族士大夫们的不齿之事。在此社会大环境下，柳宗元在写给韦中立的《答韦中立论师道书》说：本人的道德修养是不深厚的，学业根基也是比较浅薄的，好像没有什么可供你学习的。平日里自己虽然喜欢谈谈学问，写写文章，却不敢做人家的老师。

接下来，柳宗元又给韦中立举了两个生动有趣的例子：听说蜀地的南面雨常常下个不停，很少有晴天的日子，以致太阳偶尔一出来，那里的狗就会狂吠不止。当初我还以为这不过是个传闻而已。永州这地方是从来不下雪的，谁知在我到任的第二年下了一场大雪，这儿的狗见了也是新鲜极了，全都跑出来对着雪日夜不停地乱叫，直到积雪融化了才作罢。你让我做你的老师，那就是让我做蜀地的太阳和永州的大雪，岂不遭人嘲弄和侮辱？

实际上，柳宗元对虚心好学的韦中立还是非常看好的，为帮助韦中立提高文章水平，柳宗元不仅将自己创作的古文送他做参考，还结合写作古文的体会和经验，提了许多非常具体的指导性建议，称自己年轻时写文章只求文辞的漂亮，以为这样才是精奇绝妙。后来明白了文章是用来阐明圣道的，就不再追求辞藻的华丽和声律的讲究了。

在柳宗元的指点和启发下，韦中立的文章大有进步，后来还中了进士。

11. 苏轼清湖

苏轼（1037—1101），字子瞻，眉州眉山（今属四川）人，宋代文学家、书画家，唐宋八大家之一。谪贬黄州时为解决吃饭问题，经官府同意在城东门外觅得五十亩荒地，取名为"东坡"，并以"东坡居士"自称起来。

图 4-19　2009-27-4《古代书院·东坡书院》

苏轼是我国历史上罕有的文化全才。他的诗是宋代诗风形成的奠基者之一，与黄庭坚并称"苏黄"；作为"豪放词派"的开创人，其词与辛弃疾并称"苏辛"；他是宋代成就最大的散文家之一，散文与业师欧阳修并称"欧苏"；书法风格自成一派的苏轼，是与黄庭坚、米芾、蔡襄并称"苏黄米蔡"的北宋四大书法家之一；而在学术上，他又是"蜀学"之代表人物。

图 4-20　2010-11《中国古代书法——行书·黄州寒食诗》

图 4-21　特 144《杭州西湖·苏堤春晓》

名满天下的一代文宗苏轼，还是个特别善于奖掖后进的好导师，聚集在其门下的黄庭坚、秦观、晁补之和张耒，被称为"苏门四学士"。后人为纪念他，在海南儋州建了东坡书院。

宋哲宗时，苏轼以龙图阁学士的身份，再次来到有"人间天堂"美誉的杭州任知州。此时，"水光潋滟晴方好，山色空蒙雨亦奇。欲把西湖比西子，淡妆浓抹总相宜"的西湖，淤泥已经堵塞了湖底，水草早就遮蔽了湖面。杭州没了西湖，就像佳丽失去了眉眼似的，那还是杭州吗？苏轼下决心一定要把西湖治理好。

目标明确了，苏轼四处奔走，不但筹齐了钱款粮米，还动员来沿湖的农户，大家一起努力把湖里的淤泥水草一股脑地挖出来，在湖西筑起一道人称"苏堤"的长堤。苏堤上不仅修了六座沟通里外湖的小石桥，还建了九座供游人休憩的小亭阁，然后再在湖里种上芙蓉，岸边植上杨柳，使长 880 丈、宽 5 丈的苏堤成为西湖一道新的风景线。难怪苏轼得意地说道："我凿西湖还旧观，一眼已尽西南碧。又将回夺浮山险，千艘夜下无南北"。

可是，怎样才能让湖泥不再淤积，水草不再滋生呢？聪明的苏轼想出一个一举三得的好法子，那就是把沿岸的湖面租给农户们种菱角，一来农户们会及时清理水草保证湖底不淤；二来收取的租金可以用于西湖的整治维护；三来能解决部分农户的生计。可是西湖太大了，有人随便越界乱种怎么办？苏轼又在西湖的中心造了三个小石塔，告诉大家石塔围起来的地方是不能种菱角的。只是谁也不曾想到，苏轼当初划界用的三个小石塔，日后竟成了西湖著名的美景三潭印月。

12．扁鹊相疾

扁鹊，战国时期医学家，中医利用切脉诊病的创始人。其实，扁鹊的原名是秦越人，只因他救活了许多濒死之人，人们便视其为传说中黄帝时代的神医扁鹊，反而不再提他真实的姓名了。

扁鹊年轻的时候，曾跟随一个叫长桑君的奇人学过医术，尽得望诊和脉诊之真传，《史记·扁鹊传》也说"至今天下言脉者，由扁鹊也"，并认为其"六不治"信条中的"信巫不信医"、"骄姿不论于理"、"轻身重财"者不治的思想，堪称后世的楷模。

图4-22　2002-18
《中国古代科学
家·扁鹊》

传说扁鹊在给人诊病时，能一眼望见五脏内的疾病症结。一天，扁鹊偶然在路上遇见了蔡桓公，见他面带疲色，几步上前关心地说："大王，您病了。现在病只在皮肤的表面，赶快治疗吧"。桓公听了，心想自己好好的怎么会有病呢！便冷冷地答道："我没病！不用治"。

过了十来天，放心不下的扁鹊来见桓公："大王，您的病已经进了肌肉了，再不抓紧治会加重的"。桓公不高兴了，这不是咒我吗？话都没回扭头走了。又过了十来天，扁鹊又跑来了，一见桓公就焦急地说："大王，您的病已经侵入到肠胃，再不治就来不及了"。这回桓公真生气了，不但没答应，还很无理地把扁鹊轰出王宫。待十天后两人又一次在路上偶然相遇，扁鹊看了看桓公一言未发转身就走。感到纳闷的桓公差人追上扁鹊，想问问你这回怎么不说我有病了。扁鹊告诉来人说："一个人生了病，病在皮肤、肌肉和肠胃的时候，都是可以医好的。一但病到骨髓里去，我就一点办法也没有了。现在大王的病已经进了骨髓了"。

果然，还不到五天的功夫儿，看似健壮的桓公突然病倒了。遍身疼痛、奄奄一息的桓公急忙派人去请扁鹊，可是那里还寻得到扁鹊的影子。

13. 华佗疗毒

华佗，东汉临床医学家。

医学造诣极深的华佗，在医疗领域的涉及面是很广的，其传世的治疗案例就包括了现代医学的传染病、寄生虫病、妇产科病、小儿科病、呼吸器官病和皮肤病等。尤其是用于全

图4-23　1970
中国台湾《名人
肖像·华佗》

图4-24　2002中国台湾
《三国演义（二）·
刮骨疗毒》

身麻醉的"麻沸散"的发明，更是让华佗在外科手术上取得了意想不到的成功，从而拯救了无数人的生命。面对病在腹脏而针药又不及的患者，华佗采用外科手术的方法给予有效的治疗。他先让病人饮一大杯"麻沸散"，待其如醉没有知觉后，便剖腹断肠将病灶彻底割除掉。手术结束缝合好伤口，再敷上配好的特效膏药，用不了一个月的功夫儿就平复如初了。

华佗最有名的传说还算是《三国演义》中为关羽刮骨疗毒的故事了。话说关羽攻打樊城时，中了曹军的毒箭，毒已入骨，右臂青肿，不能运动。扁鹊得知后特去救治，华佗告知要立一大柱，上钉铁环，让关公伸手入环，用绳固定，再割开皮肉，直至于骨，刮去骨上箭毒，以药敷之，再用线缝好。关公笑说"吾视死如归，有何惧哉？"关公喝了几杯酒，一面与人下棋，一面伸出臂膀让华佗治疗，华佗为他割肉刮骨，悉悉有声。见者掩面失色，关公饮酒食肉，谈笑弈棋，不露痛苦之色。治疗完毕，关公称赞华佗："真神医也！"华佗说："我为医一生，从未见过这样的！"

华佗的不幸，与曹操有关。曹操深以头痛为苦，若是犯起病来几乎不能自制，听说华佗医技精湛，便派人把他请了过来。华佗来到曹营的时候，告诉曹操病根在脑中，枉服汤药，不济于事，必须先饮麻药，再打开头颅，取出肿块，方可根除头痛。多疑的曹操怀疑华佗要谋害他，一怒之下就把华佗抓进大牢，追考致死。传说华佗在临刑前曾将一部医书稿交予狱吏，请他带出去转给自己的学生，却被狱吏之妻扔进火堆烧掉，一部价值连城的济世之作就这样失传了。

图4-25　纪33
《中国古代科学家 ·
李时珍像》

14. 李时珍著药书

李时珍，明代医药学家、博物学家。

世医出身的李时珍自幼习儒，尽管14岁便中了秀才，可在接下来的乡试中却三次落榜，只好断了仕途之念，继承家学以医为业了。他先是受聘于楚王府，后又经人举荐进京入了太医院。一年后，李时珍辞了太医院，回到故乡悉心著书。从此，太医院里少了一位专为皇帝治病的御医，却造就了一位"中国博物学中的无冕之王"（英国科学史家李约瑟语）。

李时珍在行医问诊中发现了历代注解本草的著作谬误极多，大量散在的药学知识没有得到汇集和整理，其间存在的错误也未予纠正。

图4-26　2003中国澳门《本草纲目》

鉴于本草著作关系着治病救人的大事，李时珍决心重新编写一部本草著作。他在考证古代文献，收集当代资料的基础上，运用实地调查方法，历时27年终于完成了52卷的《本草纲目》。全书共有16部60类，载药1892种，搜集古代医家和民间流传方剂11000余个，并附有1100余幅药图，将中国古代药学的，推向一个前所未有的高峰。

为了掌握第一手材料，准确无误地写好《本草纲目》，李时珍常常翻山越岭，走很远的路去采集草药标本。一天，他又独自进山采药去了，直到太阳偏西肚子"咕咕"叫了，才想起要寻个住的地方吃点饭。

当他来到一个三岔路口不知道往哪个方向走时，正巧前面过来一位拄着拐杖的白发老人，李时珍赶忙上前施礼问路。老人见李时珍的背篓里装满了新采的草药，便爽朗地笑道："您是个郎中吧？幸会幸会，小老儿正好有一诗求教呢。您听好：老汉首如霜，龟峰眺武昌；万物入梦时，酸甜苦辣香；重阳花满枝，湘子谱乐章；昭君出塞去，低头思故乡"。

老人话音刚落，李时珍便向老人微微笑着抱拳，说："此诗含了白头翁、望江南、全蝎、五味子、野菊、神曲、王不留行和淮熟地八味药材"。老人听了哈哈大笑起来，用拐杖在地上写了个"主"字，什么也没说悠然而去。李时珍一看，知道这又是老人出的一个谜，"主"字是"往"字的右边，往右走就可以找到食宿的地方了。

图4-27　纪92《中国古代科学家·蔡伦像》、
《造纸》

15．蔡伦造纸

蔡伦是东汉时期皇宫里的宦官，管理宫里的手工作坊。

传说蔡伦在一次出宫游玩时，发现溪水中的枯枝上，缠绕着一层薄薄的白色絮状物。他好奇地拿树枝挑起细看，竟和写字用的昂贵的绢帛有点相似。受此启发，蔡伦回宫便开始了他的造纸实践。《后汉书·蔡伦传》载："自古书契多编以竹简，其用缣帛者谓之为纸。缣贵而简重，并不便于人。伦乃造诣，用树肤、麻头及敝布、渔网以为纸。元兴元年奏上之，帝善其能，自是莫不从用焉，故天下咸称'蔡侯纸'"。

纸的发明促进了文化的传播与交流，极大地影响了人类文明的发展进程，封为"龙亭侯"的蔡伦，也因此被造纸业奉为祖师而庙祀着。元费著在其所撰《蜀笺谱》中说："造纸者庙以祀蔡伦矣。庙在大东门外雪峰院，虽不甚壮丽，然每遇岁时祭祀，香火累累不绝，示不忘本也"。白纸坊曾是老北京造纸业最集中的地方，旧时每逢蔡伦诞辰，纸业工人们不但要礼拜之，还要献戏呢。30年前，一位美国科学家按影响力排序，列出一百名改变了人类历史的伟大人物，蔡伦紧随牛顿、孔子等人之后，位居第七。

图4-28　纪33-3
《中国古代科学家·
僧一行像》

16．一行观星

一行（683—727），本名张遂，唐代天文学家和佛学家。

张遂的曾祖张公谨，是唐太宗的开国功臣，只是到了武则天时代，张氏家族已无可挽回地衰微了。尽管如此，青年张遂还是以学识渊博闻名于长安，从而引起武三思的侧目。为避祸，张遂只得剃度为僧，取名一行离开长安，去嵩山和天台山潜心研究佛教经典，成为佛教一派——密宗的领袖。

一行在天文学领域最大的成就，是编制了《大衍历》。原来的历法已不准确。被唐玄宗接回长安的一行奉旨主持修编新历。结构严谨、条理分明的《大衍历》成为唐代最精密的历法，自唐开元二十一年（733）传入日本后，行用了近百年。

传说天上的北斗七星，也是由七头猪组成的，这则有趣的民间故事，还是《明皇杂录》讲的。据说唐玄宗的时候，有一位老太太来找一行帮忙，救她因得罪官府被抓的儿子。一行嘴上没答应，暗中却忙开来。他先在供职的浑天寺里准备了一口大瓮，然后告诉手下说晚上会有七个东西跑进来，必须全部捉住。夜幕降临后，果然有七头猪跑进来，大家一起动手，把捉住的猪全都塞到大瓮里去了。

第二天一早，皇帝就把一行找去了，问："太史奏昨夜北斗不见，是何祥也？"皇帝为什么如此关心北斗七星呢？因为在神话故事里，北斗七星是帝车，是天帝的坐骑。一行听了，便说这是上天对皇帝的警告，只有大赦天下冤狱才行。皇帝一听，赶紧照办。就这样，一行巧妙地解救了老太太的儿子。等到晚上，负责观测星辰运行的官员跑来报告皇帝，说北斗七星出现了一颗。七天后，北斗七星完全恢复了原貌。原来，天帝的坐骑是由猪拉着行驶的。一行先设计把它们从天上全都捉来，等救了人再一天一个地放了回去。

17．陆羽论茶

茶是风靡世界的三大饮料之一，写出世界上第一部茶学专著《茶经》的陆羽，是茶行业奉祀的茶神。

陆羽的生平事迹，载于《新唐书·隐逸传》。据说他本是个遗孤，三岁时被家乡复州龙盖寺的住

图4-29　1997-5《茶·茶圣》、《茶·茶会》

持智积禅师领回收养。陆羽十二岁时，因不愿削发为僧，便离开了龙盖寺，在云游四方与名士品茶鉴水的同时，还对茶事进行了专门的考察。27岁时陆羽来到苕溪，隐居在山里历经四年终于完成茶学经典的《茶经》。7000余字的《茶经》共三卷十章，其中卷上"一之源"，论述了茶的起源、性状、名称、品质、栽植和功效；"二之具"介绍了采茶、制茶的工具；"三之造"讲的是茶的加工和种类。卷中"四之器"，详解了煮茶、饮茶的茶具。卷下"五之煮"，阐述了煮茶的方法和水的品质；"六之饮"为饮茶的风俗和方式；"七之事"辑录了文献中有关茶的掌故；"八之出"说明了当时全国茶区的分布；"九之略"指出在某些情况下茶具、茶器是可以省略的；"十之图"是教人以绢书写《茶经》之所述，以利张挂，广为流传。

唐朝人喝茶不是像今天这样冲泡而是煮。水对茶的好坏是至关重要的，因为同一种茶用不同的水来煮，口感是完全不一样的。传说有一天，湖州刺史李季卿偶然遇到陆羽，不禁大喜："扬子江里的南零水是天下一绝，你又是品茶的高人，两绝相遇千载难逢，咱们一起品品茶吧。"说完就让一个随从驾舟到扬子江取南零水去了。水取来了，陆羽用勺子舀出一些扬了扬，"这不是南零水啊"。那随从急了，"怎么不是南零水？我取水的时候有好几百人看见的"。陆羽也不做声，只是端起盛水的罐子顺手倒了一半，"这剩下的才是南零水"。那随从这会儿已是大惊失色，不得不说出真相。原来他是取了满满一罐南零水的，不想返回的时候小舟一颠洒了一半，他懒得再去便就近添了点江水盛满回来了，只是这小小的伎俩，竟给陆羽识破了。

陆羽去世不久，人们就把他奉为茶神、茶圣或茶仙。在旧时的茶馆和茶叶店里，陆羽多是与另一位茶神卢仝一起入联的，前者多书"陆羽谱经卢仝解渴，武夷选品顾渚分香"，后者多写"采向雨前，烹宜竹里；经翻陆羽，歌记卢仝"。

18. 徐光启译几何

在初中数学中，有一门非常重要的课程，就是"几何"。说起来，这个数学名词还是明末大科学家徐光启（1652—1633）翻译的。

现代的几何学不过是有关图形的一门数学分科，但在古希腊时代它却是数学的全部。这门数学中最古老的分科，起源于古埃及尼罗河泛滥后为整修土地而产生的测量法，所以它的外国语名字 geometry 便是由 geo（土地）与 metry（测量）构成的。后经古希腊伟大数学家欧几里得在严密的逻辑系统中整理成十三卷的《几何原本》，才使其成为一门独立的、演绎的科学。

图4-30 J58《中国古代科学家·徐光启》

图4-31 1964 中国台湾《徐光启》

随着西方传教士的涌入，包括几何学在内的诞生于西方的现代自然科学体系也渐渐地渗入封闭着的国门。这引起了以徐光启为代表的有识之士的高度重视。明万历二十八年（1600），刚刚中举的徐光启在南京结识了来华传教的意大利传教士、耶稣会驻华领袖利玛窦。在利玛窦的影响下，徐光启为"补益王化，左右儒术，救正佛法"，加入了天主教会。当四年后又中进士的徐光启入翰林院时，为创办中国第一座天主堂的利玛窦也来到了北京，他们之间的交往就更密切了。

在频繁的往来中，徐光启对利玛窦掌握的能富国强兵、有益民用的西方科学技术产生了浓厚的兴趣。他向利玛窦提出学习数学的要求，利玛窦欣然同意了。从此，徐光启上午在翰林院供职，下午便到南堂即宣武门天主堂去找利玛窦学习数学，教科书就是欧几里得的不朽之作《几何原本》。在学习的同时，徐光启还与利玛窦合作，着手进行《几何原本》的翻译工作。在翻译的过程中，他们对专用名词进行了探讨。一次利玛窦指着书中的两条平行的直线问徐光启："你看，这两条直线是同一走向，你能给它起个什么样的中国名字？"徐光启想了想说："就叫'平行线'吧"。利玛窦说："好"！接着又问道："你再看这三个角，一个角两边垂直，一个角大而广，一个角小而狭，译成什么好呢？"徐光启凝思片刻，说："就叫作'直角'、'钝角'、'锐角'"。就这样，《几何原本》中所有的点、线、面、直线、平面、曲线、曲面、直角、钝角、锐角、垂线、多边形、平行线、对角线、相似、外切等全部数学译名，都是经徐光启首创并最终确定下来的，其中有许多直到今天还在使用着，梁启超称赞它是"字字精金美玉，是千古不朽之作"。

徐光启虽然只译出了《几何原本》的前六卷，但它却对我国明朝以后的数学发展产生了深刻的影响。徐光启认为它是"度数之宗"，"举世无一人不当学"。故在书稿译出后，便给这部译文文字简练、意义准确的中国第一部数学译著，根据其外国语名中的"geo"的音译，为它起了个中国化的名字——"几何"，成为我们今天用来研究物体的形状、大小和位置关系的重要数学学科。

19. 徐霞客远游

徐霞客，明代地理学家、旅行家。

自幼"特好奇书"，欲"问奇于名山大川"的徐霞客，从 21 岁起开始进行长达 34 年历尽艰险的旅行，足迹遍及今江苏、浙江、安徽、山东、河北、山西、陕西、河南、湖北、广东、江西、湖南、广西、贵州和云南，使中国古代地理学自此走上一条实地考察、研究自然的新路。

徐霞客旅行每至一地，都要把所见所闻真实、生动、完整地记录下来。他在这部以日记体为主的传世之作中开篇写道："癸丑之三月晦，自宁海出西门，云散日朗，人意山光，俱有喜态……"。在他去世后，人们将其整理成《徐霞客游记》。《徐霞客游记》由名山游记、西南游记、专题论文和诗文构成，涉及

图 4-32 J136《明代地理学家、旅行家徐霞客诞生四百周年》

地貌、地质、水文、气候、动植物、历史地理、社会政治经济、城镇聚落和民族风俗等多个方面。尤以地貌、水文和植物内容居多，特别是有关喀斯特地貌的探索和记述，更是居于当时世界的先进水平，是最富有地理学价值的部分。

传说家住南京的静闻和尚找到准备出行的徐霞客，邀他一起去云南的鸡足山。曾刺破手指血书《法华经》的静闻，非常崇敬鸡足山迦叶寺的菩萨，可当时的鸡足山还是十足的蛮荒之地，以静闻一己之力是不可能走到的。徐霞客答应了静闻，两人踏上了结果未知的南行之路。

尽管是两人结伴同行，他们在湘江还是遇到了强盗，体质本就虚弱的静闻受了伤，勉强撑到广西便圆寂了。要是一个人继续往前走，后果实在难以预料。但是徐霞客为了一个逝者的愿望，也是为了实现自己对他人的承诺，毅然背起静闻的骨灰朝着既定的方向，翻过十万大山、渡过金沙江、经过西双版纳，终于抵达鸡足山。他走进迦叶寺，缓缓解下背上的包裹，郑重地取出静闻的骨灰……

20．昭君和亲

王昭君，名嫱，南郡秭归（今湖北兴山）人，汉元帝宫女。这位以过人胆识主动出塞和亲，促进民族和睦的友好使者，成为中国古代四大美女之一。

与匈奴和亲，若追溯起来还是汉高祖刘邦的一大发明。高帝七年（公元前 200）冬，刘邦亲领 32 万大军直扑叛乱的韩王信，节节败退的韩王信力不能支，北走匈奴。就在刘邦乘胜追至平城（今山西大同）附近的白登山时，冒顿单于突然窜了出来，以 40 万精锐骑兵把汉军铁桶般围了个水泄不通，而且一围就是七天七夜。刘邦没有办法，不得不采用陈平之计，暗地里派出使者带着厚礼去游说单于阏氏，这才让冒顿单于不情愿地撤了兵。到后来无奈只好选了一位刘氏宗室女子，对外假称长公主送往匈奴和亲去了。

图 4-33　1992 中国台湾《中国戏剧·昭君出塞》

图4-34　1994-10《昭君出塞》

　　如果说刘邦和亲是无奈，那么昭君和亲却是自愿的。漠北的呼韩邪单于为得到汉朝的支持与信任，便不远万里来到长安，以匈奴最高首领的身份朝见元帝，表示愿当汉家的女婿，与汉朝结秦晋之好。

　　听说呼韩邪单于来长安求亲了，"入宫数岁，不得御见"的昭君，当即"乃请掖庭令求行"，主动请求充当和亲的使者。昭君怎么会得不到元帝的宠幸呢？说起来全是宫廷画师毛延寿搞的鬼。原来，毛延寿在给后宫佳丽们画像时，常常借机敲诈一下，向她们索点贿赂，谁给钱就把谁画的漂亮一些。耿直的昭君因为不吃他这一套，毛延寿便怀恨在心，故意把昭君画的丑一些。元帝是看画点人的，见昭君长的不太好看，自然不会叫她侍寝了。久而久之，昭君也有点"积悲怨"了。

有人自愿去和亲，真是太好了，正为人选犯愁的元帝，想都没想一口答应了昭君的请求，趁着高兴还在宫里搞了一场隆重的"临辞会"。当貌美端庄、雍容华丽、举止娴雅，有着落雁之姿的昭君盛装款款而来时，元帝尽管肠子都悔青了，也只能打掉牙往肚里吞。谁叫这是一桩政治联姻的，答应了就必须做，没有后悔药可吃的。恼怒至极的元帝实在咽不下这口气，找个借口悄悄溜到后面，喊人把毛延寿推出去砍了才算完。

呼韩邪单于偕同昭君离开长安回到漠北单于庭（今蒙古国乌兰巴托附近），在盛大的迎亲晋封会上，呼韩邪单于宣布晋封昭君为"宁胡阏氏"，意思是胡人得了昭君为阏氏，部族从此就会安宁。元帝也不甘落后，将年号改成了"竟宁"，汉时"竟"便是"境"，希望昭君出塞和亲后，边境会一直安宁下去。事实也确是这样如愿发展的。

21. 鉴真东渡

鉴真（687—763），俗姓淳于，扬州江阳（今江苏扬州）人，唐代赴日传法名僧。

14岁就在扬州大云寺出家为僧的鉴真，师承南山宗、究学三藏，对于律学的造诣自然是很深的。巡游两京归来后，鉴真在家乡扬州造塔塑像、宣讲律藏四十余年，为俗人剃度、传授戒律四万余人，江淮间僧俗都尊他为授戒大师。与此同时，隔海相望的日本，佛教的律戒是很不完备的，以致僧人们还不能按照律仪来受戒。日本僧人荣叡、普照受日本佛教界的委托，随遣唐使来唐寻请高僧赴日传授戒律。经过十年的访求，终于找到了鉴真。

为传播佛教与盛唐文化，鉴真不顾弟子们的反对，毅然接受了日本僧人的邀请。只是东渡之旅并不顺利。鉴真在日本僧人的陪同下率弟子的五次出行，因为地方官吏的阻挠和海上风涛的袭击，先后

图4-35 J55
《鉴真大师像回国巡展》

都告失败。特别是第五次，在狂风恶浪中随波漂流了 14 天，鉴真一行才在海南岛登陆上岸。更大的打击还在后面，就在他们返回扬州途经端州（今广东肇庆）时，日本僧人荣叡不幸病亡，极端高热天气下的鉴真哀恸悲切，急火攻心双目突然失明了。

困难重重，身体有恙，可鉴真东渡弘法之志却不曾有一丝的动摇。经过不懈努力，唐天宝十二年（753）冬，鉴真一行搭上日本遣唐使船又一次东渡，终于在日本天平胜宝五年抵达日本。

一个月后，鉴真来到日本当时的首都平城京（今奈良），在受到朝野盛大欢迎后，为天皇、皇后和太子等人授了菩萨戒。第二年，鉴真在奈良东大寺设立戒坛，日本僧人在称为"三师七证"的十位和尚参加下出家受戒，为日本佛家正规受戒之始，鉴真也因此成为日本律宗的始祖。天皇对鉴真是非常崇拜的，不仅任命他为大僧都，据《续日本记》说，天皇还委托鉴真校正经疏，因为日本的佛经大多是从朝鲜传入的，口授、手抄错误在所难免。

在日本被称为"过海大师"、"唐大和尚"的鉴真，在营造、塑像和壁画等方面，也为日本天平时代艺术高潮的形成，增添了夺目的异彩，唐招提寺建筑群便是他与弟子留下的杰作之一。他们去日携带的王羲之、王献之书法作品，令日本对中国书法艺术的热情至今不衰。其实，鉴真对日本最突出的贡献，应该是医药学知识的传授，在日本民间，他是被奉为医药始祖的。不仅如此，日本的豆腐、饮食、酿造等行业，也认为自己的行业技能，是鉴真从中国带来传授给他们的。

22. 郑和下西洋

郑和（1371—1433）不仅是我国，也是世界上最伟大的航海家。

明朝开国皇帝朱元璋病逝，将皇位传给了皇太孙朱允炆，史称建文帝。燕王朱棣借"清君侧"之名，行夺权之实，发起靖难之役，亲自率兵攻进南京城，登上了皇帝的宝座，是为明成祖也，又称永乐帝。但朱允炆却活不见人死不见尸，听人传言建文帝蹈海西去了，朱棣便派郑和以通商为名，率船队远下西洋，去查寻朱允炆的下落。只是最终苦无结果，也就没人再提频繁远航的真

图 4-36　2005-13《郑和下西洋 600 周年》

图 4-37　2005 中国澳门《郑和下西洋 600 周年》

图 4-38　2005 中国香港《郑和下西洋 600 周年》

实目的了。那么，朱棣怎么会选中身为太监的郑和前去呢？这就要从郑和的身世讲起了。

原来郑和是回族人，本名马和，又名三宝。本

图 4-39　2005 中国台湾《郑和下西洋 600 周年》

图 4-40　2005 印度尼西亚《郑和下西洋 600 周年》

是名门之后，其祖上是元朝时从西域移民来的，马和的祖父、父亲是非常虔诚的穆斯林，都曾远赴圣地麦加朝觐。他们在朝觐途中破浪远航的惊险历程和在万里之外异邦他乡的目睹耳闻，深深地影响着儿时的小马和，使他虽身居内陆却对航海产生了浓厚的兴趣，憧憬着有一天能亲自驾船，乘风破浪驶向麦加，去实现心中神圣的梦想。

但幼年不幸的命运使他成为了燕王朱棣的太监，在靖难之役中屡有功于燕王。当了皇帝的朱棣亲笔写了"郑"字赐他为姓，升为四品内宫监太监。从此，马和成了郑和，被明成祖引为最密切的贴身心腹内臣。他成为出使国外的最佳人选，明成祖不派他又会派谁呢？

这样在 28 年间，郑和奉旨先后七次率船队出使西洋。前期三次主要活动范围大致在东南亚及南亚一带，主要目的是在此建立和平安宁的局面，为明王朝树立声威，并为下一步向南亚以西远航建立中途候风转航的据点。印度半岛西南端的古里，物产丰饶，景色幽美，民风慷慨，友好大度。郑和亲率属下与当地民众于此立碑建亭。这座历史的纪念碑的碑文是这样刻写的："其国去中国十万余里，民物咸若，熙暤同风，刻石于兹，永昭万世"。只是郑和没有想到，这个如此美丽的异邦，二十多年后竟会是他生命的终点。

郑和后期的四次远航，主要是向南亚以西继续航行，通过开辟新航线，让自古罕通中国的海外国家，重泽而来，"宾服"于中国，为明王朝建立前所未有的功绩和广泛的联系。他与许多从未和中国联系过的亚非国家建立起友好关系，远达波斯湾和非洲东海岸，开通了象征着和平的"丝瓷之路"，在世界航海史上书写出光辉的篇章。

郑和在六下西洋返国后，将历次西洋之行的航程进行了综合整理，精心绘制出《郑和航海图》，详细标明了航线所经亚非各国的海域、岛屿和港埠，所刊外国地名多达 300 个。

郑和最后一次出使西洋，终于实现了一个虔诚穆斯林的最高梦想——麦加朝圣。使命完成，梦想实现，船队返航了。或许是天意的安排，在归途中，郑和的生命在古里走到尽头。直至今天，有关郑和的故事还在东南亚广为流传着，当地民众还建起许多的纪念性建筑来纪念他。

23．孙子演兵

孙子，名武，春秋末期吴国将军，古代军事学家。

孙子所在的齐国也发生了动乱，孙子只得出奔吴国。在吴国重臣伍员的引荐下，孙子将自己所著兵法 13 篇也就是《孙子兵法》，作为晋见礼进呈给吴王阖闾。列为《武经七书》之首的《孙子兵法》，是我国古代最著名的兵书，也是世界公认的现存最古老的军事理论著作。其中"知己知彼，百战不殆"等思想，时至今日仍是颠扑

图 4-41　1995-26《孙子兵法》

不破的真理。

读了《孙子兵法》，阖闾如获至宝。不过，书中的道理虽然讲的明白，可在实战中孙子到底有多大本事，阖闾心里还是有点怀疑的，要考一考才能知道。这天，阖闾特意把孙子请进宫里，还未落座就说："你的兵书我已经连夜读完，写的实在是太好了。你看我这儿也没几个兵士，能不能就用宫女来实际操练一下呢？"孙子一听便明白了，非常镇定地答道："可以！叫谁来操练都行"。

一百八十多个光鲜照人的宫女很快集合好了，阖闾把她们统统交给孙子指挥。哼！我倒要看看你究竟是怎么个练法，能让宫女成为冲锋陷阵的战士。只见孙子把宫女们分成两队，让阖闾最宠爱的两个妃子各自拿上一只戟，分别出任两队队长，随即大声喊道："全都听好喽！一会儿我击鼓的时候，叫前，你们往前走；叫左，往左走；叫右，往右走；叫后，往后退。谁要是违抗，杀头！明白了吗"？"明白了"。宫女们似乎谁也没当回事，稀稀拉拉地答应着。

明白就好，孙子击鼓传令，哪知宫女们听了，不但没人去执行，却游戏似的哈哈大笑起来，乱作了一团。见此情景，孙子并没有责怪宫女们，而是认为错在自己未将命令交代清楚。他把号令重复了一遍，再一次击鼓传令，可平日里已被娇宠惯了的宫女们，还像方才一样视命令如儿戏，仍嘻嘻哈哈地玩闹着。这回孙子不再原谅她们了，当即喝令拿下两个领头玩闹不执行命令的队长，杀头示众。

阖闾见孙子来真的，要斩自己的两个爱妃，赶紧跑过来替她们求情，"我知道将军的本领了。这两个人是我最喜爱的，你就饶了她们吧"。但孙子坚持把两个队长给当众斩了，这下宫女们彻底老实了。孙子又重新指定了两个队长，待他重又击鼓传令时，已经没有一个人敢违抗了，全都按照号令紧张操练起来。

尽管爱妃被斩心痛极了，阖闾还是让孙子做了大将军，因为他知道能把懒散的宫女们训练得服服帖帖的人，还是真有本事的。后来阖闾在孙子的建议下，乘楚国兵疲将懈，一举攻入楚国首，使楚国从此一蹶不振，丧失了争霸力量。而吴国则以一隅之地"西破强楚，北威齐、晋，南服越人"，称霸一方。

24. 岳飞抗金

南宋抗金名将岳飞，不仅自幼喜读兵书战策，还练就一身好武艺。年纪稍长一些，岳飞便挥手告别亲人，毅然投军来到边疆。就在他准备大展身手建功立业之际，因父亲去世，岳飞回到相州汤阴老家为父守孝。

图 4-42　2003-17《古代名将——岳飞》

宋钦宗靖康年间，北方的金军南下直扑中原腹地。平日里只会作威作福的权贵们顿时慌了手脚，一溜烟儿跑的没影了。眼瞧着国家到了生死存亡的危急关头，志向高远的岳飞决定再去从军，"待从头、收拾旧山河，朝天阙"。

图 4-43　1957
中国台湾《伟大的
母教·岳母教忠》

图 4-44　1966
中国台湾《名人
肖像·岳飞》

儿子就要走了，依依不舍的老夫人把岳飞叫到跟前，拉着他的手轻声问："现在正是国难当头，儿有什么打算？""奋力杀敌，精忠报国"。老夫人听到岳飞掷地有声的回答，欣慰地笑了，"精忠报国"正是她对儿子的希望。"那好啊。来，为娘的现在就把这四个字给你刺在背上，让它融你的骨血，一起去杀敌"。"母亲说的在理，您就刺吧"。说罢，岳飞撩起衣服，跪在老夫人的面前。

老夫人取来笔墨，先在岳飞的脊背上写下"精忠报国"四个字，然后拿起绣花针，咬咬牙朝儿子的脊背一针刺去。见岳飞不由自主地抖了一下，老夫人心痛极了："儿啊，很痛吧？"只听岳飞爽朗地笑了笑，装作没事似的大声说："母亲还没刺呢，孩儿怎么会痛。您就放心刺吧"。"儿啊，我知道你是怕为娘的手软，故意说不痛的"。老夫人一面流泪一面刺字，刺好了又在字上抹上一层醋墨。从此，"精忠报国"四个字，便永不褪色地刻在岳飞的身上。

来到抗金前线的岳飞，铭记着母亲的教诲。他跟随副元帅宗泽，转战南北，英勇作战，屡建奇功，迅速成长为"智勇才艺，古良将不能过"的大英雄。

25．戚继光抗倭

图 4-45　2008-17《古代名将——戚继光》

祖籍安徽宁远却出生在山东济宁的戚继光，17 岁便袭父职做了登州卫指挥佥事。明嘉靖年间，已做到四品武官的戚继光又参加了武举乡试，中第成为一名武举人。就在他第二年赶赴京城准备会试的时候，蒙古俺答一手制造的"庚戌之变"爆发了，戚继光只好放弃会试，直接从考场奔赴战场，开始了他"一年三百六十日，多是横戈马上行"的转战生涯。

戚继光调任浙江都司，镇守宁波、绍兴和台州三府时，经过几年的殊死较量，戚继光率领戚家军，将流窜在东南沿海一带烧杀掳掠、无恶不作的倭寇打得屁滚尿流，彻底解决了自元末以来一直困扰着朝廷的倭患问题。

说到戚继光抗倭，就不能不提及他在战争实践中发明的鸳鸯阵。原来，名留军史、威震四方的鸳鸯阵，是戚继光在兵部职方司郎中唐顺之所著《武经》的启发下，结合自己的军旅经历琢磨出来的一种阵法。这个几乎没有任何破绽的阵法，说起来并不复杂，就是一个以无可挑剔的位置和尽乎完美的武器组合成的 11 人战斗队列，队列的前方中央是领阵的队长，紧跟在他身后的是两列纵队。您可别小瞧了看似简单的鸳鸯阵，因为阵中士兵的武器有五种之多呢，由此构成的四道相互配合的攻击线，那是真厉害呀！凡是与它叫过板的倭寇，没有不哭爹喊娘的。

具体说来，鸳鸯阵的阵形是这样的。在领阵队长的身后，是两名手持标枪的盾牌手，作战时他们不但要掩护自己和战友，还要瞅准机会先发制人地用标枪发起进攻。盾牌手的后面是两名狼筅兵，什么是狼筅？狼筅就是扎满了铁枝和倒刺的铁棍子，用这玩意儿往前一挺，谁都甭想过来。跟随着狼筅兵的，是阵中的攻击主力四名长矛手。队列的最后，是两名以保护长矛手、防止倭寇侧击为己任的短刀手。按说鸳鸯阵已经非常完美了，可戚继光并不满足，他又根据战场形势的瞬间变化，将鸳鸯阵变换成无懈可击的五行阵和三才阵。

说了半天，鸳鸯阵的效用如何呢？我们看看明嘉靖四十年（1561）四月二十二日至五月二十七日，短短一个月内发生的五次战斗的结果就知道了。当

时，戚继光在没有友军配合的情况下，以"封侯非我意，但愿海波平"之决心，亲率四千戚家军用鸳鸯阵力战两万倭寇，连战连胜，歼敌无算，而自己只损失不到二十人。此役是为抗倭战争中著名的"台州大捷"。

26．郑成功复台

郑成功，福建南安人，明末清初军事家，收复台湾的民族英雄。

图4-46　2001-27《郑成功收复　　　图4-47　中国台湾《郑成功》
　　　台湾三百四十周年》

图4-48　T47-3《赤嵌楼》

从小习文练武的郑成功，22岁那年出任南明隆武帝的御营中军都督。曾是明朝将军的父亲郑芝龙见大势已去，便有了降清之意。郑成功泣劝无果，只好与其决裂，继续坚持抗清斗争。他以福建金（门）厦（门）为基地，组建了一支兵锐将勇、纪律严明的水陆两栖部队，在闽南歼灭了驻闽清军主力，随后又挥师北取浙江舟山，南破广东揭阳，以此军功被南明永历帝封为延平王。面对清军的步步进逼，为建立稳固的抗清基地，郑成功有了渡海东征，驱逐荷兰殖民者，收复台湾的打算。

荷兰殖民者是在政治腐败、军备废弛的明朝末年开始侵占台湾的，继而独霸了全台湾。荷兰殖民者占领台湾后，极尽搜刮之能事。但区区2000人左右的兵员，让荷兰殖民者只能重点防守在军政中心台湾城（今台南市安平镇）和赤嵌城（今台南市内）。

就在郑成功召集大家研究收复台湾和防守金厦的时候，一位名叫何廷斌的荷兰翻译因不满荷兰人的统治，冒着生命危险从台湾偷渡过来，将一份事先画好的台湾水道及要塞布防图交给郑成功。郑成功在做好各项准备后，亲率船队以何廷斌为向导，从金门料罗湾浩浩荡荡地出发了。台湾岛东高西低，以"澎湖为门户，鹿角为咽喉"。为此，郑成功定下的作战方针是：首先夺取澎湖，以澎湖为前进基地，乘涨潮通过鹿耳门港登陆，切断台湾城、赤嵌城两地荷军联系，分别以予围歼，进而收复台湾全岛。

郑成功按计划顺利夺取了澎湖，并趁海潮大涨，从荷兰殖民者疏于防备的北航道即鹿耳门航道突入，先以一部在赤嵌城北的禾寮港登陆，接着大部又在鹿耳门方向登陆成功，连挫荷兰驻台湾总督揆一组织的多次反扑，迫使赤嵌城守军投降。第二天，进攻部队转向高墙壁垒的台湾城，郑成功在水陆两路攻城不克的情况下，将整座城池团团包围起来。八个多月后，龟缩在城内的揆一眼见救援无望、败势难挽，不得不率残部出城，签字投降。至此，被荷兰殖民者霸占了38年之久的宝岛台湾，终于重回祖国的怀抱。

27．林则徐销烟

林则徐，清朝爱国政治家，近代中国"开眼看世界第一人"。

图 4-49　J115《林则徐诞生二百周年》

林则徐升迁湖广总督时，鸦片已成为危及中国国计民生的严重弊害，他拟制了六条具体措施，在湖广率先开始禁烟。鸦片是用罂粟果的浆汁制成的一种有毒的嗜好品，鸦片作为嗜好品输入是在 17 世纪，当时西班牙人和荷兰人将烟草和鸦片以及拌和吸食方法，一并传到福建和台湾。18 世纪葡萄牙人又从印度将鸦片运进，但输入数量和销售范围还是很有限的，每年大约在两百箱左右

图 4-50　2011
中国澳门《林则徐》

（一箱约合中国一担）。在英国东印度公司开始直接经营鸦片后，从此揭开了肮脏的鸦片贸易序幕。从印度源源不断输向中国的鸦片，不仅构成一个多世纪英中贸易或英中经济关系的基础，而且也是中国沦为半殖民地半封建社会的契机。

其实，清廷早就下过禁烟令，但只是惩办贩运而不处罚吸食，作为药物输入者还不在禁止之列，这就给鸦片非法输入以可乘之机。及至面对鸦片洪水猛兽般地泛滥，鸿胪寺卿黄爵滋上疏主张以死罪严惩吸食者。支持黄爵滋的林则徐也积极上奏，指出历年禁烟失败在于不能严禁，并据此警告道："若犹泄泄视之，是使数十年后中原无可以御敌之兵，且无可以充饷之银"。在湖广禁烟成绩卓著的林则徐，在道光帝连续八次召见后，受命为钦差大臣赴烟灾严重的广东禁烟。

抵达广州的林则徐，下车伊始便以撤出买办工役、封锁烟贩商馆等正义措施，挫败了英国驻华商务监督义律和烟贩的狡赖，将英国趸船上私藏的鸦片悉

数没收。一开始，林则徐销毁鸦片是一把火烧掉，可是鸦片在烧的过程中会融化成汁渗到土里。待大火熄灭后，围在旁边的大烟鬼们就一哄而上，把浸有鸦片的土挖走，拿回去继续吸食。

火烧都销不了鸦片，难道没有办法了？办法还是有的。林则徐找人在虎门海滩挖了几个带有闸口的大坑，把收缴来的 19179 箱、2119 袋，总计 2376254 斤鸦片，和生石灰掺在一起倒进大坑。1839 年 6 月 3 日，农历四月二十二日正是天文大潮，随着林则徐一声令下，大坑的闸口全打开了，只见汹涌的海水一眨眼的工夫就灌了进来。遇水的生石灰变成了熟石灰，还放出大量的热，海水沸腾了，几个大坑就像烧开的锅似的，咕嘟咕嘟不停地冒着气泡，里面的鸦片早就没了踪影。等退潮的时候，大坑里的水裹挟着石灰，一点不剩全流到大海里去了。那些还想拣些鸦片残渣的大烟鬼们傻了眼，只好断了念想悻悻而去。

28. 伯乐相马

伯乐，相传为秦穆公时的人，姓孙名阳，善相马。一次，伯乐受楚王的委托，购买能日行千里的骏马。伯乐向楚王说明，千里马少有，找起来不容易，需要到各地巡访，请楚王不必着急，他尽力将事情办好。

伯乐跑了好几个国家，连素以盛产名马的燕赵一带，都仔细寻访，辛苦备至，还是没发现中意的良马。一天，伯乐从齐国返回，在路上，看到一匹马拉着盐车，很吃力地在陡坡上行进。马累得呼呼喘气，每迈一步都十分艰难。伯乐对马向来亲近，不由走到跟前。马见伯乐走近，突然昂起头来瞪大眼睛，大声嘶鸣，好像要对伯乐倾诉什么。伯乐立即从声音中判断出，这是一匹难得的骏马。

伯乐对驾车的人说："这匹马在疆场上驰骋，任何马都比不过它，但用来拉车，它却不如普通的马。你还是把它卖给我吧。"驾车人认为伯乐是个大傻瓜，他觉得这匹马太普通了，拉车没气力，吃得太多，骨瘦如柴，就同意卖给伯乐。

伯乐牵走千里马，直奔楚国。伯乐牵马来到楚王宫，拍拍马的脖颈说："我给你找到了好主人。"千里马像明白伯乐的意思，抬起前蹄把地面震得咯咯

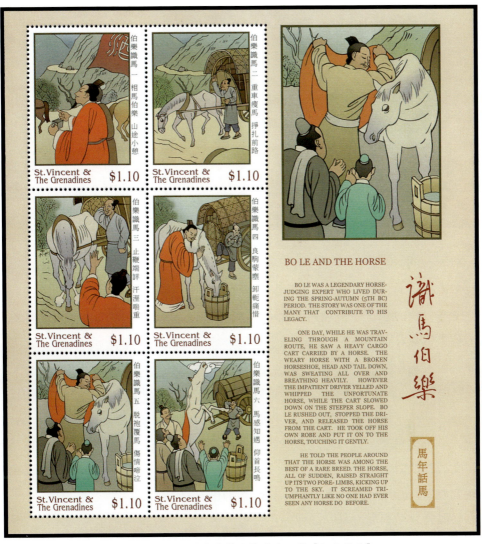

图 4-51　2002 圣文森特和格林纳丁斯《识马伯乐》

作响，引颈长嘶，声音洪亮，如大钟石磬，直上云霄。楚王听到马嘶声，走出宫外。伯乐指着马说："大王，我把千里马给您带来了，请仔细观看。"

楚王一见伯乐牵的马瘦得不成样子，认为伯乐愚弄他，有点不高兴，说："我相信你会看马，才让你买马，可你买的是什么马呀，这马连走路都很困难，能上战场吗？"伯乐说："这确实是匹千里马，不过拉了一段车，又喂养

图4-52 2002 朝鲜《中国画·九方皋》

不精心，所以看起来很瘦。只要精心喂养，不出半个月，一定会恢复体力。"楚王一听，有点将信将疑，便命马夫尽心尽力把马喂好，果然，不久马变得精壮神骏。楚王跨马扬鞭，但觉两耳生风，喘息的功夫，已跑出百里之外。后来千里马为楚王驰骋沙场，立下不少功劳。楚王对伯乐更加敬重。

所以唐时的大学问家韩愈说："世有伯乐，然后有千里马。千里马常有，而伯乐不常有。"

后来秦穆公对伯乐说："您的年纪老啦，您的子孙中有没有可以派去访求良马的人呢？"伯乐回答："良马可以凭形体外貌和筋骨来鉴别，但天下稀有的骏马，其神气却在若有若无、似明似灭之间。像这样的马，奔驰起来足不沾尘土，车不留轮迹，极为迅速。我的子孙都是下等人才，可以教他们识别良马。但无法教他们识别天下稀有的骏马。有一个同我一起挑担子拾柴草的朋友，名叫九方皋，他相马的本领不在我之下。请让我引他来见您。"

穆公召见了九方皋，派他外出找马。过了三个月他回来报告说："已经得到一匹好马啦，在沙邱那边。"穆公问："是什么样的马？"他回答："是一匹黄色的母马。"

穆公派人去沙邱取马，却是一匹黑色的公马。穆公很不高兴，把伯乐招来，责备他说："坏事啦！你介绍的那位找马人，连马的黄黑、雌雄都分辨不清，又怎能鉴别马的好坏呢？"

伯乐大声叹了一口气，说："竟到了这种地步了啊！这正是他比我高明不止千万倍的地方呀！像九方皋所看到的是马的内在神机，观察到它内在的精粹而忽略它的表面现象，洞察它的实质而忘记它的外表；只看他所应看的东西，不看他所不必看的东西；只注意他所应注意的内容，而忽略他所不必注意的形式。像九方皋这样的相马，有比鉴别马还要宝贵得多的意义。"

后来马送到了，果然是一匹天下少有的骏马。朝鲜邮票的图案取自画家徐悲鸿的代表作《九方皋》，原画宽 351 厘米，高 139 厘米，极其生动地塑造了一位朴实、智慧的劳动者——九方皋的形象，而在骏马身上则用墨更为彰显，一张一弛，极具特色。

五
孝 行 故 事

"百善孝为先"。源远流长、根深叶茂的孝文化，是中华民族传统美德的本质所在。孝行对我国社会产生的影响广泛而深远，是任何其他观念都无法与之相比的，难怪晚清第一名臣曾国藩有"读尽天下书，无非一孝字"的感慨。在不同的历史时期，孝行有着不同的表现形式，但赡养父母却是普天之下亘古不变的准则，因为孝行是协调家庭中父母与子女之间伦理关系的基本规范。在中国传统文化视野里，流传久远、妇孺皆知的孝行故事，即是对孝文化最明了的诠释。令国人骄傲的是，这一源自中国的传统理念，目前已为世界各国普遍接受，联合国设立举办的"国际老年人年"活动就是最好的证明。

1. 孝感动天

图 5-1　1971
中国台湾《中国民间
故事·孝感动天》

图 5-2
2002 中国澳门
《孝·孝感动天》

重华出生时，与别人不同的是眼睛里是两个眼瞳子，所以取名叫重华。很小的时候，母亲就去世了。没多长时间，父亲瞽瞍就娶回一个新老婆，给小重华做后妈。

父亲原来的打算是找个女人来照顾儿子，不想这位后妈对小重华怎么看都不顺眼，不是打就是骂。尤其是在有了自己的儿子象之后，更是视重华为眼中钉、肉中刺了，总想除之而后快。可悲的是，父亲又是对老婆言听计从的，哪怕是害自己的亲生骨肉。幸运的是，聪明过人的小重华总能化险为夷。

一天，瞽瞍在老婆的唆使下，让小重华去修补漏雨的谷仓。正当他在仓顶专心致志编织苇席的时候，瞽瞍在仓里突然放了一把火，想烧死小重华。风助火势，火"呼"地一下就蹿了上去，眼看孩子就要给火舌吞噬了，只见小重华不慌不忙地摘下头上遮阳的斗笠，乘风飞了下来。

一计不成，两口子一合计，又有了一个坏主意。隔不多久，瞽瞍说井里的水浅了，叫小重华下到井里去再挖深一些。小重华在井里使劲往下挖着，井上的瞽瞍却偷偷叫来小儿子象，把刚挖上来的土猛地又倒了进去，想给他活埋了。急中生智的小重华赶紧在井壁上掘了一条地道，才拣回了性命。

虽然小重华知道父亲和后妈的心计，可他却并不忌恨。平日里对他们极尽孝道，非常的恭顺。对同父异母的弟弟，也是疼爱有加。小重华的孝行给天帝知道了，特别的感动，便在暗中帮助他。春天来了，他要去耕田，早有大象给耕好了；夏天到了，他要去锄草，小鸟已经给锄完了。不论什么事，都有人来帮他做。

人间的帝王尧听说世上还有如此奇迹，便带了百官来看个究竟。尧见重华的孝行感天，就让自己的九个儿子也来侍奉他，还把两个女儿娥皇和英皇嫁给了他。经过细心的观察和不断的考验，尧看准重华是一个有德行的君子，决定将帝位传给他。

继承了帝位的重华，就是传说中的远古五帝王之一舜。因其号有虞氏，故史称虞舜。

2．戏彩娱亲

春秋时期的老莱子，婉拒了楚王的礼聘，带着年迈的双亲躲进了蒙山，做了一位隐士。

老莱子是个孝顺的人，对双亲体贴至极的他，平日里总是把最可口的饭菜端给父母吃，将最保暖的布料缝给

图5-3　1970
中国台湾《中国民间
故事·戏彩娱亲》

父母穿。这时候的老莱子，实际上也有七十多岁了，可他在双亲跟前却从不提"老"字，因为他怕父母听儿子开口"老"，闭口"老"的，会有风烛残年、垂垂老矣的感觉。何况，高寿的双亲不论什么时候看见老莱子，也觉着他还是个孩子呢。

在老莱子无微不至的照料下，二老的生活是幸福的、安康的。善解人意的老莱子为排解双亲孤寂的心情，就装出孩子的活泼模样来逗他们，好让他们快乐起来。有一天，几只小鸡跑进了厅堂。老莱子赶紧学老鹰捉小鸡的样子扑了过去。只见小鸡一颠一颠地满屋乱跑，老莱子假装笨拙地在后面追着。一时间，屋子里鸡飞狗跳，好不热闹，父母笑的都合不拢嘴了。

这天，老眼昏花的父亲好像发现了什么似的，一边抚摸着老莱子花白的头发一边叹气："唉，连儿子都老成这样了。看来我们的日子不多了"。老莱子听了，生怕父母有了这想法不能长寿，便缝了一件五彩斑斓的衣服，在父亲生日那天穿上。他又找来一个拨浪鼓拿在手里，装成一个童心未泯的孩子，在二老面前又蹦又跳地嬉戏玩耍，真是用心良苦啊。

就是在平常的日子里，老莱子也会灵机一动想出些点子来，让父母乐上一乐。有一天，老莱子从外面担了两桶水回来，毕竟年纪也大了，所以在摇摇晃晃过门槛的时候，还是给绊了一跤，一下子就摔倒了。他怕父母见了这般光景伤心，马上做出是故意摔倒的样子，顺势满地打起滚来，而且嘴里还发出一阵阵婴儿的啼哭声。老莱子的演技太逼真了，二老都没瞧出来他是装的，都笑着说："这孩子怎么就长不大呢！别玩了，快起来吧"。

3. 鹿乳奉亲

出生于普通农家的郯子虽是一棵独苗苗，父母对他却一点都不溺爱，管教可严了，所以不论是穿衣吃饭、坐卧玩耍，还是读书写字、待人接物，都养成了好习惯。

郯子成人了，父母也老了。这年的冬天，不知怎么回事，二老的眼睛都患了病，眼看就要瞎了。心急如焚

图5-4 1970
中国台湾《中国民间
故事·鹿乳奉亲》

的郯子马上请来医生。医生告诉他：要想治好两位老人的眼睛，那就是经常喝些野生麋鹿的鲜奶，而且挤奶的时候还不能让母鹿受到惊吓，否则这鲜奶的药效就没了。

听医生这么说，郯子真是又高兴又难过。高兴的是父母的眼睛有救了；难过的是深山里的麋鹿都是成群结队的，母鹿带着小鹿走在中间，外面是健硕的公鹿，只要有一点响动惊了它们，转瞬就无影无踪了。别说是去挤新鲜的鹿奶了，就是接近鹿群都很难。

怎么办呢？办法总比困难多。郯子想来思去，有了一个好主意。

图 5-5　2002 中国澳门《孝·鹿乳奉亲》

他找了一张鹿皮披上，跑到山里藏在鹿群经过的地方，等鹿群经过时他小心翼翼地混了进去，然后又装成吃奶的小鹿凑到母鹿身边，终于挤到了新鲜的鹿奶。父母喝了，眼睛真的慢慢好了起来，看东西比过去清楚多了。

这天，郯子又混进鹿群去挤奶，不巧来了两位猎人，把正在挤奶的郯子当成了吃奶的小鹿。就在猎人弯弓准备朝他放箭之际，郯子急忙掀掉披在身上的鹿皮走了出来。当猎人弄清了事情的原委，不禁对他肃然起敬，把自己好不容易得来的鹿奶，全都送给了他。

郯子的孝行给他带来的贤名不胫而走，人们络绎不绝地来到他的家乡住下，以便拜郯子为师，就连孔圣人也跑来了。前来拜师的人越聚越多，郯子的家乡很快就从静谧的小镇发展成繁华的邦国——郯国。大家公推郯子来做国君，郯子由此成为春秋时代的一个诸侯。

4．为亲负米

图 5-6　1971
中国台湾《中国民间
故事·负米养亲》

仲由，字子路，是孔子最得意的弟子之一。

子路家是很穷的，可他对父母却非常的孝顺。只要手里攒下一点钱，子路就会不辞辛劳地跑到百里外的集市上，倾其所有买些米背回家给父母煮饭吃。不管是寒风刺骨还是烈日当头，饥肠辘辘的子路都舍不得吃一小把米，一路上只是挖些野菜来胡乱填下肚子，为的就是能让父母能多吃一口。

学成的子路南下去了楚国，赏识其才华的楚王给了很高的俸禄，礼聘他做了大官。一时间，春风得意的子路出行有百辆马车相随，进餐有满席的山珍海味。每逢至此，子路就会想起已经过世的双亲，不由地感叹道："虽然现在还想去百里外的集市背些米来奉养父母，哪怕路上受再多的苦吃再多的野菜，可机会永远没有了"。

5．啮齿心痛

曾参，字子舆，孔子的得意门生。

成名前的曾参，家里生活是很贫寒的，以致他不得不每天上山打柴，在集市换几个小钱来度日。这天，曾参又拿着斧头，扛着扁担进山打柴去了，不想

图 5-7　1971
中国台湾《中国民间
故事·躬尽子职》

一位客人不期而至。家里穷的连锅都快揭不开了，哪有东西招待客人呢？为难的母亲不知所措，情急之下也顾不得痛了，狠命咬了一下自己的手指。

真是母子连心啊！这边母亲刚在家里咬了手指，那边正在山里打柴的曾参，忽然就觉得心里痛了一下，知道母亲一定是遇到急事，在招呼自己回家了。他顾不得继续打柴，挑上担子就往家里赶。见曾参回来了，母亲好像有了主心骨，不慌不忙地说："没什么大事，就是家里来了客人，让你早点回来"。

学成后的曾参对父母还是特别的孝顺。因为学问好，很多诸侯都请他去做官，他却以父母年纪大了不忍远离为借口，一一推辞掉，在家陪伴他们安享幸福的晚年。

6．单衣顺母

闵损也是孔子的弟子。为什么孝行故事的主角总少不了孔子的弟子呢？这和儒家对孝行的大力倡导有关。

图 5-8　1971
中国台湾《中国民间
故事·单衣顺母》

闵损很小的时候母亲就过世了。不久，父亲又给他娶回一位后妈。因为连着生了两个自己的儿子，后妈可能觉得有功于孔家了，对闵损便日益刻薄起来。

冬天来了，该添置寒衣了。后妈给自己的儿子缝了厚厚的棉花衣，给闵损缝的却是薄薄的芦花衣。这天，闵损驾车拉着父亲外出办事情。天实在是太冷了，芦花衣那里抵得住漫天的风雪，一会工夫闵损全身就给冻僵了，结果一失手驾车的辔鞍掉了，把父亲从车上摔了下来。

从地上爬起来的父亲，这会儿才看清儿子穿的是什么，心里全明白了。他怒气冲冲地回到家里，一进门就嚷着要休了闵损的后妈。闵损听了，赶紧跑来抱着父亲的腿跪下来，哭着恳求："您别让母亲走。家里有母亲，也就是我一个人受些寒冷；要是把母亲赶走了，我们兄弟三人都会受冻挨饿的"。

图 5-9　2002 中国澳门
《孝·单衣顺亲》

孩子发自肺腑的一席话，让后妈听了真是又感动又羞愧。此后她痛改了前非，对闵损也视同己出了。

7．亲尝汤药

汉文帝刘恒，是刘邦的第四个儿子。刘恒的母亲薄姬原为魏王豹的一个小

YOUPIAO TUSHUO ZHONGGUO GUSHI YU CHUANSHUO

图 5-10　1970
中国台湾《中国民间
故事·亲尝汤药》

妾。楚汉争霸的时候，韩信和曹参打败魏王后俘虏了薄姬，把她送进织室做了一名织女。刘邦见其还有些姿色，便纳入后宫，不久就生了刘恒。

其实，为人谦和的薄姬在宫里并不是得势之人，儿子刘恒也不是得宠之子，但这却在无意中有了一个好处，就是刘恒自小就没有荒淫之举和骄矜之态，从而给自己赢得"仁孝宽厚"之誉。诛灭诸吕之后，刘恒正是凭此优势才登上皇帝宝座的。

刘恒虽然做了大汉皇帝，可侍奉母亲还是和过去一样从不懈怠。母亲卧病在床后，刘恒白天在朝上忙着处理国家大事，晚上就回到母亲身边夜不阖目地细心照料。每次御医给母亲开了方子煮好汤药，刘恒都要端来先尝一尝，才放心地递给母亲服用。就这样，母亲病了三年，刘恒也衣不解带坚持了三年，直到母亲故去才睡上安稳觉。

刘恒在位二十四年，重德治，兴礼义，开创出中国封建社会第一个治世——文景之治。在他去世后，人们给以仁孝闻名的刘恒一个最美的谥号——孝文皇帝。

8. 拾葚供亲

东汉的蔡顺是汝南人，因为父亲去世的早，是含辛茹苦的母亲一手拉扯大的，所以他对母亲也就特别的孝顺。

图 5-11　1971
中国台湾《中国民间
故事·拾葚供亲》

蔡顺小的时候正逢王莽乱世，不仅兵祸四起而且天灾不绝，百姓们穷的家里连隔夜粮都没有，蔡顺家更是吃了上顿没下顿。为了糊口，蔡顺只好跑很远的路找到几棵老桑树，拣拾一些掉落下来的桑葚聊以充饥。

这天，正在树下低头寻着桑葚的蔡顺，遇见几个路过的为反抗王莽而起义的赤眉军士兵。他们见蔡顺把拣来的桑葚装在不同的篮子里，觉得挺奇怪的，便好奇地问他为什么要这样盛，这样不是太麻烦了吗？蔡顺老老实实地告诉他们：这黑色的桑葚是甜的，带回家给母亲吃；而这没长熟的红色桑葚是涩的，是留给自己吃的。

赤眉军士兵听蔡顺这么一说，都被他的孝心打动了。他们回到营地，从不多的食物中分出三斗米和一条牛腿送给蔡顺。蔡顺真是高兴啊，一路蹦跳着跑回家，终于能让母亲吃上饱饭了。

9．怀橘遗亲

三国时期的陆绩，字公纪，是吴国人。他在父亲陆康高风亮节情操的熏陶下，自小便明白了许多忠义孝悌的道理。

图 5-12　1970
中国台湾《中国民间
故事·怀橘遗亲》

陆绩六岁那年，父亲带他去九江拜见大名鼎鼎的袁术。别看陆绩还是个孩子，可饱读诗书、博学多识的他见了袁术，不卑不亢一点都不怯场，问几个问题，也是侃侃而谈的。袁术不禁暗暗惊叹这孩子的才学，不但破天荒地赐座给他，还让人端来一盘橘子招待小陆绩。那橘子圆圆的、大大的、黄黄的，太诱人了。小陆绩剥开一只，将橘瓣送进嘴里，肉肥汁多，味道好极了。趁着没人注意，小陆绩又抓了三只橘子，悄悄塞进怀里。

一席长谈后，袁术对小陆绩真是另眼相看了。不料，就在小陆绩和父亲临走与主人辞行的时候，却发生了一点小意外，让袁术大吃一惊。原来，小陆绩塞进怀里的橘子没放好，一起身就滚了出来，袁术一见还以为是什么暗器呢，待看清是三只皮色金黄的橘子，便不解地问："你来作客，怎么还藏我的橘子啊？"聪明伶俐的小陆绩并不紧张，直视袁术的眼睛真诚地回答："我母亲喜欢吃橘子，可她很少有机会吃到，我想带回去给她吃"。

袁术见陆绩小小的年纪就懂得孝敬母亲，便知道他将来一定会不同凡响的。果然不出袁术所料，成人后的陆绩不仅做到了太守一职，还成了天文学家，写出传世专著《浑天图》。

10．扇枕温席

我们都知道三国时期的黄盖，是吴国的一位大将军。其实以孝传名的黄香，也就是黄盖的爷爷，比他的名气更大些。

图5-13　1970
中国台湾《中国民间
故事·扇枕事亲》

黄香九岁那年就死了母亲。黄香伤心极了，常常一个人跑到母亲的坟上暗自落泪。乡亲们见了，没有不感动的。

母亲已经没有了，勤劳的黄香又全心全意地侍奉起体弱的父亲，想方设法让他过的舒适些。盛夏酷暑难耐的晚上，屋子里闷的像蒸笼似的，黄香不嫌热，每天都拿把扇子扇父亲的枕席，直到枕席凉了才喊父亲上床睡觉。严冬北风呼啸的夜里，没有炉火的家里又冷的像冰窖，黄香每天铺好床便脱了衣服钻进去，直到自己的体温把被窝暖热了，再让父亲躺下休息。

太守刘护知道了黄香的孝行，对他赞不绝口。

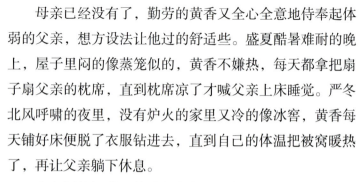

图5-14
2002 中国澳门
《孝·扇枕温衾》

11．行佣供母

江革，字次翁。在江革还很小的时候，父亲就患病过世了，留下他和母亲这对孤儿寡母相依为命。

图5-15　1971
中国台湾《中国民间
故事·行佣供母》

一天天，一年年，做娘的盼啊盼，江革长大了，成人了。不幸的是，他们赶上了东汉末年的乱世。当时战乱频仍，百姓流离失所，他们娘俩儿也被迫着背井离乡去逃难。母亲年纪大了，腿脚自然不大灵便，江革便不离不弃地背着老人家，沿路乞讨躲避兵火。

一路上，他们几次遇到剪径的强盗。强盗见江革年轻，还识文断字，便让他丢了母亲一起上山入伙落草为寇。要是不答应，嘿嘿，那就手起刀落要你的命。江革怎能丢了母亲做强盗呢。每次遇到这事儿，江革都泪流满面地哀求强盗放了他，不为别的，只是老母亲需要自己这个

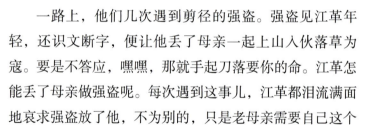

独子去照料。强盗见他是个大孝子，也就良心发现，不忍强拉他入伙了。

几经辗转，江革背着母亲来到了江苏的下邳。刚落脚的时候，他们穷得连换洗的衣服都没有。江革放下读书人的架子，去做苦工挣些钱，凡是母亲生活上需要的，江革都会一样不少地买来满足她。

12. 哭竹生笋

和江革一样，三国时的孟宗也是自小就没了父亲。

母亲身体不好，年纪也大了，所以常常闹病，孝顺的孟宗便不离左右地细心侍奉着。这年冬天，母亲又病了，孟宗想方设法做些可口的饭菜，给她调剂口味以利早日康复。可母亲总是摇着头说什么都不吃，只想喝一口鲜笋汤。

这会儿可是天寒地冻的冬天啊，到哪里去才能找到鲜笋呢？没有办法的孟宗，一边捶打自己的头一边跑进竹林，急得抱着一棵大竹子哭起来。就在他哭得悲痛欲绝时，脚下的大地突然裂开了，从里面一下冒出好多的鲜笋。怎么回事儿？原来，天帝听到了孟宗的哭声，被他的孝心所感动，派神仙帮他来了。

孟宗赶紧挖了一棵鲜笋，兴高采烈地跑回家给母亲做了一碗鲜笋汤。母亲喝了，病马上就痊愈了。

13. 卧冰求鲤

晋朝的王祥，小小年纪就没了母亲，父亲又娶了朱氏做继室。

朱氏可不是什么仁慈之辈，只要有机会就在丈夫面前编些瞎话，挑拨他们父子的关系。可悲的是，王祥的父亲竟信以为真，害得失去母爱的王祥又少了父爱。

图 5-16　1971
中国台湾《中国民间
故事·冒寒寻笋》

图 5-17
2002 中国澳门
《孝·哭竹生笋》

图 5-18　1970
中国台湾《中国民间
故事·剖冰捕鲤》

图 5-19
2002 中国澳门
《孝·卧冰求鲤》

这天，突然心血来潮的朱氏馋鲜鱼了，就让王祥去河里抓一条回来。当时正是朔风呼啸的严冬，河面早就给冰封死了。见怎么砸也砸不开，怀有至诚孝心的王祥便脱了衣服，直接躺在河面上，想用自己的体温把坚冰融开一个洞，然后再下网抓鱼。就在王祥冻得上牙打下牙的时候，冰面猛地裂开了，两条金色的大鲤鱼一下子蹦了出来，在冰上扑打着尾巴拼命扭动着。王祥赶紧把鱼拾回家，做好了恭恭敬敬地端给朱氏。

王祥的孝心终于感化了朱氏，从此再不说王祥的坏话了，也像亲儿子似的待他了。

14. 扼虎救父

图 5-20　1970
中国台湾《中国民间
故事·扼虎救父》

杨香是晋朝人。十四岁那年，他和父亲一起去自家的田里收谷子。这是个风调雨顺的丰收年，田里的谷子都给沉甸甸的谷穗压弯了腰，爷俩儿高兴坏了，赶紧下田专心至志割了起来。

突然，田边的树林里蹿出一只毛色斑斓的猛虎，一眨眼的工夫就扑倒了父亲。平日里父亲也是个有力气的壮汉，今天却给吓呆了，瘫在地上任凭老虎摆布，连招架之功都没了。眼看老虎的血盆大口咬了下来，在千钧一发之际，手无寸铁的杨香勇敢地跑过来，不顾自己的安危一下子就跳到老虎背上，双手抓住老虎脖子死死地扼住，两脚还不停地猛劲踹着老虎的肚皮。从未遇到过对手的百兽之王哪见过这阵势，只得松开口丢下他们逃命去了。

乡亲们知道了，都说父亲从虎口里拣条命，全赖杨香的孝行啊。

15. 弃官寻母

宋朝的朱寿昌是陕西人。年轻漂亮的母亲生了他以后，便遭到没有儿子的大夫人的嫉恨，时常会设些莫名其妙的暗算害她。朱寿昌七岁那年，母亲终于给大夫人扫地出门，别无选择的她只好泪别儿子，远赴他乡另嫁了事。

图 5-21　1970
中国台湾《中国民间
故事·弃官寻母》

宋神宗的时候，苦难中长大的朱寿昌中了举，做了官。虽然过上了富贵生活，可他对母亲的思念却日益深重了，以致常常梦中相见，待一觉醒来，挂在脸上的泪珠还没滚落下来呢。"一定要把母亲找回来！"决心已下的朱寿昌向朝廷辞了官职，踏上了艰辛的寻母之路。临行前他对家人发誓："要是找不到母亲，我就不回来了"。

人海茫茫，母亲在哪里呢？他四处打探着母亲的下落，只要有一点点线索，千里万里也要找去看个究竟。有道是功夫不负有心人，几年后在高人的指点下，朱寿昌在同州找到了年已七旬的母亲，把她接回家好生赡养起来。这时，距他们母子分别，已有五十年了。

16．中兴报亲

夏朝的少康，是个遗腹子。

传说有穷氏的后羿，借夏朝贵族相互争权无暇他顾之机，打进夏都夺了王位。可善射的后羿却不修民事，整日以田猎取乐，不久被伯明氏的寒浞杀了。寒浞杀了后羿，又让其子浇灭了与夏同姓的斟灌和斟鄩，跟着就杀了夏王相。已有身孕的相妻顾不得丧夫之痛和王后之尊，由贴身宫女领着顺狗洞爬出王宫，仓皇逃回娘家有仍氏，转年生下少康。

少康还是个孩子的时候，母亲就给他讲了祖上失国的惨痛经过，叮嘱他学好本领，将来报仇雪耻，复兴夏朝。母亲的谆谆教诲少康铭记在心，他暗暗立下夺回天下的志向，一有机会便学习统兵打仗的本领。不过，寒浞没有忘记他，为斩草除根还派浇来搜捕他。幸亏事先得了消息，少康逃到了有虞氏，躲过一劫。

图 5-22　1982
中国台湾《中国民间
故事·中兴报亲》

有虞氏的首领虞思见少康生的仪表堂堂，绝非凡人之相，便先让他做了庖正（管理宫廷膳食的官员），没多长时间就把女儿嫁给他为妻，随后又封他一块方圆十里的土地和五百士兵，使少康"有田一成，众一旅"。有了复兴故国根基的少康，向天下发出号召，招集旧臣，积蓄实力。很快，他就在斟灌和斟鄩余众的协助下，一路势如破竹剿灭了寒浞，从而终结了后羿与寒浞四十年的统治。

夺回王位的少康，复国后仍勤于政事，是一位有为的君王。在他的治理下，天下安定，文化大盛，部落拥戴，夏朝迎来了"少康中兴"。他见时机到了，便将母亲从娘家接到都城阳夏，共享天伦之乐。

17. 坚持母训

图 5-23　1982
中国台湾《中国民间
故事·坚持母训》

明末清初著名思想家、史学家顾炎武（1613—1682）原名绛，我们所熟悉的炎武一名，是他在明亡之后才改的。

顾炎武出生于江东望族，明末虽家道中落，但养母王氏还是对他进行了严格的传统文化和民族气节教育，使其自幼便养成了正直无私的性格和以身许国的理想。顾炎武生活的时代，正是明亡清兴的动荡岁月。清顺治元年（1644），清军在降将吴三桂的引领下打进中原，一路南下烧杀掠抢。养母王氏目睹了清军的暴行后绝食自尽，临终前她给顾炎武留下宁可饿死，也永不侍清的遗训。

遵从母训的顾炎武来到昆山、嘉定一带，参加了匡复故明的抗清斗争。斗争失败后，顾炎武为豪绅所迫，弃家只身北游。不久，他在山东济南为文网罗织，身陷"黄培诗案"，这次囹圄之灾让顾炎武坚定了不与清廷合作的决心。康熙十七年（1678），清廷为议修《明史》，特开博学鸿儒科，数次逼他前来参加纂修。能修《明史》是那时文人求之不得的莫大荣幸，但顾炎武母训在身，拒不就荐，誓死不入《明史》馆，表现出坚定的民族气节和不屈的仁士精神。

18. 侍疾救父

清嘉庆年间，没了母亲的丁纯良跟着父亲，从福建晋江迁居到台湾。父亲开了一家小店，靠着童叟无欺的经营之道，买卖日益红火起来，爷俩儿过上了有滋有味的小康日子。

图 5-24　1982
中国台湾《中国民间
故事·侍疾救父》

天有不测风云，人有旦夕祸福。正是壮年的父亲可能是太累了，一下子患了中风，半边身子不能动弹了，两只眼睛也很快就失明了，生活的担子全压了在纯良的身上。

面对突如其来的打击，纯良没有慌乱。白天他在店里忙碌不能陪伴父亲，便请邻居老伯来家和父亲聊天解闷；晚上回家他又找来朋友七拼八凑唱戏给父亲听，虽说荒腔走板的常常跑调，可看见躺在床上的父亲乐的开怀大笑的样子，纯良心里也宽慰。

福无双至，祸不单行。虽说有纯良的精心照料，父亲的病还是越来越重了。孝顺的纯良为了让父亲过的舒心些，只好盘出小店回家侍候他。晚上，纯良打个地铺睡在父亲身边，为的是床上稍有个响动就能起来关照。

一天夜里，邻家突然着了大火，眼见火舌窜了过来，纯良一骨碌爬起来背上还在睡着的父亲就往外跑。等跑到院里一看，熊熊烈焰已经把院门封死了。急中生智的纯良把父亲放在地上，自己迅速趴了上去，用身体保护着父亲免受烟火的熏烤。说也奇怪，这场火把邻家的房子全烧光了，唯独纯良家的房子安然无恙，大家说这完全是纯良的孝行带来的善报。

父亲瘫了十五年，纯良不离左右照料了十五年。父亲安详辞世后，纯良又给他办了隆重的葬礼。嘉庆皇帝听说了纯良的孝行，还专门下了一道圣旨，为他建了一座孝子坊。

六

成语故事和寓言故事

　　语言结构生动简洁、意义精辟，闪耀着我们祖先智慧光芒的成语，有着固定的结构、形式，在语句上一般是作为一个整体来使用的，并以此达到或警世，或劝诫，或励志，或褒奖的鲜明效果。成语大多是从古代相承沿用下来的，有的始自寓言，有的源于历史，还有的是前人经验的总结，更多的则是直接截取了古籍中的文句，因而很多具有完整的故事性。正因为汉语悠久的历史，才造就了如此丰富多彩的成语，使之成为汉语区别于其他语言的一个非常显著的特征。

　　寓言故事是中国传统文化和民族智慧的一个重要组成部分。这不仅因为寓言故事具有文学的价值，更具有丰厚的思想内容，中国人许多卓越的见识往往蕴藏在寓言故事之中，可以说不了解中国的寓言故事，就不能完整地认识中国文学，也不能完整地认识中国人的思想精华。可以说每一个寓言故事都向我们打开了一扇窗户，从这里能够瞭望到一个新鲜的天地。那里不仅趣味无穷，还可以领悟无数的道理。

1．刻舟求剑

　　刻舟求剑的故事，源自《吕氏春秋·察今》。

　　有一位外出旅行的楚国人，来到渡口与大家共同乘船过江。船驶到江心，也不知怎么搞的，他身上佩戴的宝剑掉到江里了。尽管这个楚国人赶紧去抓，宝剑还是被湍急的江水吞没了。

图 6-1　T59《寓言——刻舟求剑》

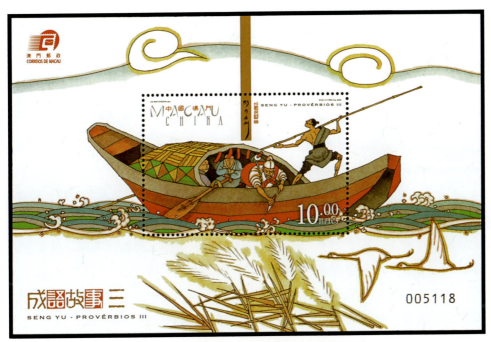

图 6-2　2009 中国澳门《成语故事·刻舟求剑》

　　同船的人们见锋利的宝剑丢了，都感到非常惋惜，可这位楚国人却一点也不着急。更令人惊讶的是，他还不慌不忙地从怀里掏出一把小刀，在船舷刻画起来。一边刻一边说："我的宝剑是从这儿掉到江里去的，要做个记号"。其所作所为，把大家都给弄糊涂了。

　　船靠码头了，就在大家纷纷离船登岸的时候，只见这位楚国人脱去衣服，"扑通"一声在他做了记号的地方跳进江里，胸有成竹地潜入江底摸

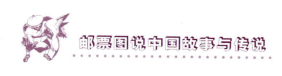
起来。哦，原来他是在打捞宝剑呢。只是摸来摸去的，根本就不见宝剑的踪影。

当他再次从水里探出头来，已是满脸的失望了，嘟嘟囔囔地自语道："咦！宝剑明明是从这儿掉下去的，我还做了记号呢，怎么会找不到？"岸上围观的人听了，才明白他为什么要在船舷上刻画了，不禁大笑起来，说："船是一直在走的，掉进江里的宝剑可不会随船而动，你怎么可能在做记号的地方找到宝剑呢"。

2. 邯郸学步

图 6-3　2004-5-1
《成语故事·邯郸学步》

邯郸学步的故事，源自《庄子·秋水》。

春秋战国的时候，邯郸是赵国的都城。生活在这座繁华都市里的人们，不仅衣着鲜亮、得体，就是平常走路的步态，看起来也比别的地方优雅许多。燕国寿陵的一位美少年听说后，便不辞辛苦地赶往遥远的邯郸，立下志愿一定要学会人家走路的姿势。

燕国少年到了邯郸，见满街熙来攘往的人流，走路的步法确实与家乡的不一样，甭提多好看了。他觉得此行不虚，就跟在人家后面，亦步亦趋地学起来。可是几天下来，不论他如何用心，却怎么也学不像。什么原因呢？他思来想去的，认为是多年养成的走路习惯妨碍了自己。于是决定彻底抛弃寿陵的走路步法，完全按邯郸人的样子走。

不想，这样一来更糟。因为燕国少年每走一步，都要考虑邯郸人怎么走。他们在走路的时候，先迈左脚还是先迈右脚；上身和下肢是怎样配合摆动的；每次移动的步幅又有多大。这些关键问题哪能不好好琢磨呢，只是想着想着，哎呀！头都大了。结果是少年越学越不会走路了，到最后连自己原来怎样走都忘了，只好灰溜溜地爬回寿陵。

3. 叶公好龙

叶公好龙的故事，源自《新序·杂事》。

既能飞在天空呼风唤雨，又能潜入水底兴风作浪的龙，经过几千年的演绎，已成中华民族的象征，老百姓没有不喜欢它的。楚国人沈诸梁也未免俗。

沈诸梁，字子高，因为春秋时在叶地做县尹，故自称叶公。这位叶公可以说是爱龙成癖，他身上佩的宝剑镶有龙纹，住房的梁柱盘有雕龙，吃饭用的盘碗绘有龙饰，穿的衣服绣有云龙。走进他的府邸，就像来到了龙的世界。

图 6-4　2004-5-2
《成语故事·叶公好龙》

久而久之，叶公好龙的美名，不但远播四方，还给上界的天龙知道了。天龙听说人间竟有人这样喜欢自己，便决定找一天亲自访一访叶公，也好当面致个谢。

一天中午，忽然雷声隆隆，随之风雨大作，把睡梦中的叶公吵醒了。他赶忙从床上爬起来，准备去关窗户。不料，天龙恰好从窗户把头伸进来，吓得叶公魂飞魄散，想夺门奔逃，又见一条正在摆动的硕大龙尾横在眼前，拦住了去路。早就面如死灰的叶公再也坚持不住，顿时瘫倒在地。

乘兴而来的天龙，莫名其妙地看了看不省人事的叶公，只好悻悻地飞回上界。

4．滥竽充数

滥竽充数的故事，源自《韩非子·内储说上》。

战国的时候，齐宣王喜欢乐师吹竽给他听，而且特别爱听很多人聚在一起的合奏。他从四方聘来许多能吹善奏的乐师，凑成一支有三百人之多的庞大乐师班子，待遇优厚地养在宫里，专门用来给自己演出。

齐宣王的这个嗜好，被一个名叫南郭的浪荡子弟知道了，南郭眼珠一转，便想出一个骗吃骗喝的鬼主意。他四处托人投机钻营，终于获得宣王的召见。当着宣王的面，南郭吹嘘说自己是个非常了不

图 6-5　2004-5-3
《成语故事·滥竽充数》

得的乐师，因为仰慕宣王已久，才不远万里投奔前来。南郭的花言巧语博取了宣王的欢心，马上命人将他编进吹竽的乐师班子。

其实，南郭不过是一个游手好闲、不务正业之徒，哪里会吹什么竽。乐师班子在给宣王合奏时，他就混迹其中，惟妙惟肖学着别人的模样，摇头晃脑煞有介事地卖力"吹竽"，闭眼欣赏的宣王根本就听不出破绽。南郭一混就是好几年。

也是乐极生悲吧。正当南郭有滋有味过着好日子的时候，宣王死了，他的儿子即位，为齐湣王。湣王也爱听人吹竽，不过他不喜欢合奏，而是喜欢让乐师们一个一个地独奏给他听。消息传来，南郭吓坏了，趁着还没轮到他独奏，偷偷地从后门逃走了。

5. 鹬蚌相争

鹬蚌相争的故事，源自《战国策·燕策二》。

战国末期，诸侯间相互攻伐，纷争不断。纵横家苏秦的弟弟苏代，听说赵国正磨刀霍霍准备攻打燕国，便自告奋勇跑到赵国拜见赵惠王，讲了一个故事，劝他不要攻燕。

说是很久很久以前，有一只蚌趁着天气晴朗，从河底慢悠悠地爬上岸滩，张开两片硬壳舒舒服服地晒太阳。正在觅食的鹬从天上飞过来，见此情景便扑下来去啄蚌肉吃。蚌只觉得一阵剧痛袭来，迅速合拢起蚌壳，恰好钳住鹬的长喙。

图 6-6 2004-5-4　　　图 6-7 1998 中国台湾　　　图 6-8
《成语故事·鹬蚌相争》　《寓言故事·鹬蚌相争》　2007 中国澳门
　　　　　　　　　　　　　　　　　　　《成语故事·鹬蚌相争》

鹬没吃到鲜美的蚌肉，喙还给钳住了，气急败坏地说："今天不下雨，明天不下雨。要是不松开，就把你干死"。蚌也不示弱，还恶狠狠地回敬道："今天不松开，明天不松开。不用几天就把你饿死，看谁厉害"！

互不相让的鹬和蚌，就这样在岸滩上僵持着，你来我往地打着嘴仗。几天过去，它们都精疲力竭了，可还是死死地缠在一起。一位渔翁路过，很容易地就把鹬和蚌捉住了。

赵惠王听完这个故事，放弃了攻打燕国的念头。

6. 愚公移山

愚公移山的故事，源自《列子·汤问》。

高有万丈，方圆七百里的太行山和王屋山，坐落在冀州之南、河阳之北。住在山北的愚公，是一位年近90的慈祥老者，尽管孝顺的儿孙们让他每天都过着吃不缺、穿不愁的舒坦日子，可他还是有点不高兴。因为太行、王屋二山横亘在他家门口，把路给挡住了，每次远行都要绕个大圈子。

经过再三思量，愚公打定了一个主意。一天，他把家人召集到一起，认真地说："我想和你们一起用毕生的气力，将太行、王屋二山搬掉，再修一条去往豫南、汉阴的通衢大道。你们说好吗？"大家听了，没有不赞成的。可愚公的老伴毕竟生活阅历多些，提出一个很实际的问题："咱们所有的人加在一起，连一座小土丘也搬不走，又怎能搬动太行、王屋二山？再说，那些挖出来的土石，又放在什么地方呢？"商量来商量去，挖山是一定的，至于那些土石，就扔到东方的大海里去。

第二天天刚亮，愚公带着全

图 6-9　2010-9-1
《成语故事·愚公移山》

图 6-10
1998 中国台湾
《寓言故事·愚公移山》

图 6-11
2007 中国澳门
《成语故事·愚公移山》

家老少就来挖山了。邻居们见了，也纷纷赶来帮忙。挖呀挖，虽然每天挖不了多少，但他们一直坚持着，只有季节更替的时候才回家歇息一下。

住在黄河岸边的智叟看愚公每天挖山不止，觉得这太可笑了，便跑来对愚公说："老哥，你这样挖山真是太不聪明了。你还能活几年，怎么会把这两座大山挖平呢？"愚公听了，长叹一声，道："你这人真是无法开导啊。你想想，就算我死了，我还有儿子；儿子死了，还有孙子；孙子又会有儿子，儿子又会有孙子；子子孙孙是没有穷尽的，可这山却不会再长高了，怎么会挖不平呢？"

愚公和智叟的谈话，恰好给山神无意间听到，报告给天帝。愚公的精神感动了天帝，他派大力神夸娥氏的两个儿子，把两座大山背走了，一座放到了朔方，一座摆在了雍南。从此，再也没有高山能挡住愚公出行了。

1945年6月11日，在中共七大闭幕式上，毛泽东同志以《愚公移山》为题致闭幕词，其中"下定决心，不怕牺牲，排除万难，去争取胜利"一句，成为共产党人革命和建设的座右铭。

7. 路不拾遗

路不拾遗的故事，源自《旧唐书》。

说是唐朝年间，有一个做买卖的人在急急忙忙地赶路。他越走越快，也越走越热，便把穿在身上的外衣脱下来，搭在肩上继续赶路。不想，就在他途经武阳（今河北大名、馆陶一带）界的时候，搭在肩上的衣服不知不觉地滑落了下来。等他发现，已到了几十里外的旅舍了。

图6-12　1980
中国台湾《中国民间
故事·路不拾遗》

这件滑落的衣服，对这位买卖人来讲实在是太重要了，因为所有的契约都在衣服口袋里呢。现在不小心给弄丢了，还怎么做买卖。旅舍掌柜见他不停地唉声叹气，就过来劝他："您也别太着急，我们武阳这地界，民风是很纯朴的，社会治安也好，晚上睡觉连门都不关。您顺来路回去找找，肯定能找回来"。

买卖人听了，心里嘀咕：怎么可能呢。转而又一想，回去找找也无妨。他顺着大路往回走啊走，嘿！路中间的那件衣服，不就是自己刚刚丢的吗。

8．井底之蛙

井底之蛙的故事，源自《庄子·秋水》。

图 6-13　1998 中国台湾《寓言故事·井底之蛙》

一只住在枯井里的青蛙，对自己的这片小天地满意极了。它每天做的唯一一件事情，就是吃饱以后蹲在井栏上，瞪着大眼睛发呆。

一天，闲极无聊的青蛙忽然看见不远的前面，有一只老海龟正在悠闲地散步，便扯开嗓口大喊大叫起来："喂，海龟老哥，过来！对，就是你，快过来！"

老海龟不知有什么事，慢慢爬了过来，刚停下脚，就听青蛙神气活现地说："嗨，算你走运，今天让您开开眼，看看我住的地方，不是吹，就跟天堂似的"。老海龟探头刚往井里一瞅，便缩回了脑袋，眉头也不禁皱了起来，原来井底只有一摊长了绿苔，还散发着扑鼻臭味的泥汤。青蛙这会儿根本就没注意到老海龟的表情，还挺个大肚皮呱呱地聊着："这口井全是我的，住在里面可惬意了。白天可以跳到井栏上晒太阳，晚上就睡在井壁的窟窿里。水里能游泳，泥里可打滚，想怎么样就怎么样。那些螃蟹、蝌蚪什么的，谁比的了我呀！老哥，别客气，进去参观参观"。看青蛙这样热情招呼，盛情难却的老海龟实在不好拒绝，只得向井口爬去。不想左脚还没伸进去，右脚就给井栏卡住了，只好退回来。

"你见过大海吗？"突然，老海龟慢悠悠地问了一句。不等青蛙回答，老海龟又自言自语地接着说道："大海可大了。有多大呢，就是用千里不能形容它的宽，用万丈不能表明它的深。大禹的时候十年九涝，海没有变深；商汤的时代八年七旱，海也没有见浅。我就在大海里住着，老弟，跟你住的这口枯井比，哪儿更有乐趣呢？"

再看刚才还神气活现的青蛙，早就听愣了。

9. 南柯一梦

图 6-14
2009 中国澳门
《成语故事·南柯一梦》

南柯一梦的故事，源自《南柯太守传》。

不拘小节的淳于棼，是个整日里暴食狂饮的酒徒。

一天，他以过生日为名，在自家门前的大槐树下又摆了一桌酒席，呼朋唤友前来作乐。喝着喝着，淳于棼就有点高了，朋友见他支持不住的样子，便将他搀到廊下，躺倒来休息一会儿。

似醒非醒的淳于棼刚闭上眼睛，仿佛看见有两个穿着紫色衣服的使者，来邀他去乘一辆华丽的马车。待他登上马车刚刚坐稳，马车就朝着大槐树的树洞急驰而去。

淳于棼定睛一瞧，只见洞里是晴天丽日、行人不绝，一派世外桃源般的繁华景色。不大功夫儿，马车停在了一座悬有"大槐安国"金匾的朱门前面，一位自称丞相的人急步上前把他迎下马车，恭敬有加地告诉淳于棼：大槐安国的国君久闻其大名，愿将金枝公主许配给他。诚惶诚恐的淳于棼听罢，还没弄清是怎么回事，就迷迷糊糊地和金枝公主拜了天地，成了大槐安国国君的乘龙快婿。

淳于棼刚做了驸马，又接到了南柯郡太守的任命，想成就一番大业的他便毫不犹豫地带着新婚娇妻上任了，不料这一干就是二十年，不仅把南柯郡治理的井井有条，还和公主生下五男二女。

就在他上获国君器重，下得百姓拥戴之际，檀萝国打了进来，淳于棼赶忙起兵拒敌，不想却是屡战屡败。更不幸的是，金枝公主在这危难时刻，也因病撒手人寰。郁闷至极的淳于棼情绪低到了极点，只好向国君辞去太守一职，仍由引他前来的两位紫衣人陪着，扶柩乘车回到故里。

马车奔出了大槐树的树洞，家乡的山川和草木依旧是二十年前的模样。待淳于棼走进故居，一下子看见自己的身躯还在廊下睡着，不由得吓了一跳。再环顾四周，只见仆人们正在打扫着庭院，扶他躺下的两位朋友正在旁边洗脚呢。梦中的经历就好像是整整过了一辈子似的。

淳于棼忍不住把自己梦中所见告诉了朋友，大家听了便寻到大槐树下，果然在树洞里挖出一大一小两个蚂蚁窝。原来，这就是淳于棼梦中的"槐安国"和"南柯郡"。

10. 螳螂捕蝉

螳螂捕蝉的故事，源自《说苑·正谏》。

吴王寿梦不知怎的，脑子一热就准备发兵楚国。大臣们知道了，都觉得即便打败了楚国，别的诸侯也会趁吴国后防空虚偷偷来袭。那样的话，结果可就不妙了。于是纷纷赶来进谏，请吴王收回发兵之令。大概是反对的声音太多太响了，弄的吴王有点下不来台，便不耐烦地吼道："谁再劝阻我发兵楚国，就砍谁的头"。一听这话儿，那个还敢多嘴啊。

图 6-15
2009 中国澳门
《成语故事·螳螂捕蝉》

吴王后宫有一位服侍他的少年，也认为发兵楚国一定会有不可挽回的后患，觉得有义务去说服吴王。只是凭自己卑微的身份，又不能直接劝谏他。怎么办呢？有了。

少年做了一把弹弓，没事就在后宫花园里打鸟玩，连着打了三天，终于给吴王见到了。

"打着鸟了吗？"

"没有。可是看见一件很有意思的事"。

"什么事，快说来听听"，吴王来了兴趣。

"我刚才打鸟的时候，见一只知了在树枝上一边吸着露水一边快乐地唱着。知了死到临头还不知道，因为一只螳螂已经伸出镰刀似的利爪，正要抓它。而螳螂的身后，又飞来一只黄雀"。

"那黄雀来做什么？"吴王忍不住插问一句。

"黄雀伸长了脖子，要去啄螳螂啊，可我早就用弹弓瞄准黄雀了。您瞧，知了、螳螂和黄雀都一个心眼儿想取得眼前的小便宜，却不知道在它们的身后，早已埋下巨大的祸患了"。

噢，原来是这么回事啊！吴王这下子全明白了，赶紧传令：停止发兵。

11．狐假虎威

图6-16　1998 中国台湾
《寓言故事·狐假虎威》

图6-17
2009 中国澳门
《成语故事·狐假虎威》

狐假虎威的故事，源自《战国策·楚策二》。

楚宣王怎么也弄不明白，北方的诸侯们为什么害怕自己手下的大将昭奚恤。一天早朝，昭奚恤恰好有事不能来，楚宣王便向大臣提出这个百思不得其解的问题。

话音刚落，只见一位老臣颤巍巍地走了过来，说是要给楚宣王讲个故事。

那是很久以前的事了。大山里住着一只凶猛的老虎，每天都要捉很多野兽来吃。这天，老虎捉到一只狐狸。就在老虎张开血盆大口要吃它的时候，狡猾的狐狸突然计上心头，只见它眨了眨眼睛，神气活现地说："你怎么敢吃我！知道我是谁吗？我是天帝派来管理百兽的。吃我，那就是对天帝的不恭"。说完，又摆出一副得意洋洋的样子瞧了瞧老虎。

老虎虽然给唬住了，可还是有点似信非信的。狐狸见状又赶紧接着骗道："你是不是有点不信呀？那好，你跟在我的后面，咱们一起到林子里走一趟，那个见了我不逃才怪"。老虎觉得这话在理，便跟着狐狸走了。一路上，老虎果然看见百兽们见了狐狸，没有一个不玩命逃跑的。其实，百兽们哪里是怕自称"百兽之王"的狐狸，它们真正怕的是威风凛凛的老虎啊。

故事至此，老臣话头一转，对楚宣王说："大王，如今您把楚国的百万军队，全部交给昭悉恤一个人来指挥，北方的诸侯们当然都怕他了。只不够他们怕的不是将军本人，而是您的大军。这和百兽们怕的是老虎，而不是狐狸的道理一样啊"。

12．画蛇添足

画蛇添足的故事，源自《战国策·齐策二》。

战国的时候，有个楚国贵族祭完祖先，把剩下的一壶酒赏给了几个帮他办事的人。

图 6-18　1998 中国台湾
《寓言故事·画蛇添足》

这些人把酒壶拿来一摇，觉得酒太少了，喝起来实在不过瘾。"这壶酒我们大家一起喝，每人也就是一口，倒不如给一个人喝了。"一个人提议道。

这主意不错，大家都同意，只是给谁喝呢？这可是个难题，因为大家出力都差不多，分不出个高下来。"我看，咱们几个在地上画蛇吧。谁先画出来，谁就来喝这壶酒。好不好？"还是刚才出主意那人有办法。

好。于是，大家就蹲在地上画起来。其中的一个人好像是个画画的高手，几下子就画完了。他高兴地把酒壶拿过来，正欲独自享用，却见其他人还在忙乎着，不免得意起来，"你们信不信，我还会给蛇画脚呢"。说着，又蹲下来开始给蛇画脚。

就在他给蛇画脚的工夫，另一个人也把蛇画完了。只见这人毫不客气地把酒壶夺过来，对给蛇画脚那人说："蛇是没有脚的，你给蛇画上脚，画的就不是蛇了。这壶酒应该由我来喝"。

这会儿，给蛇画脚的那个人，只能在一旁咽口水了。

13．朝三暮四

朝三暮四的故事，源自《庄子·齐物论》。

宋国的狙公非常喜欢猴子，虽然家境不富裕，可还是省吃俭用地把钱尽量腾出来，给猴子买吃食，从来不让它们饿肚子、受委屈。

图 6-19
2001 中国台湾
《寓言故事·朝三暮四》

狙公整日里和猴子混在一起，关系融洽极了。猴子一眨巴眼睛，狙公就知道它们在想什么；而狙公说的每句

话，猴子好像也能听懂似的。

日子一天天过去了，猴子越养越多也越来越贪吃了，可狙公随着年纪的增长，精力却越来越不济了，渐渐感到有点负担不起了。不行，得想个法子，让猴子少吃点。

一天，狙公把猴子招拢过来，商量着说："你们看这样行不？以后每天给你们的栗子，改成早上三颗晚上四颗"。果然不出狙公所料，猴子一听就不干了，又叫又跳地表达着不满。狙公见了，马上改口道："好啦，好啦。都别闹了。那就早上四颗晚上三颗，这总行了吧"。猴子一听这话，高兴得抓耳挠腮满地打滚，以为自己得了天大的便宜。

14. 自相矛盾

自相矛盾的故事，源自《韩非子·难势》。

楚国有个人，把自己制作的兵器拿到集市去卖。这人大概还是个练家子，刚摆好摊就比划起来。

他手持一只长矛，一边嘿嘿哈哈地喊着，一边飞快地舞动起来。赶集的人见有免费的表演，都围拢过来瞧个热闹。他看聚来的人多了，便停了下来，先是冲大家一抱拳，然后举起长矛炫耀道："瞅瞅我这长矛，青铜铸的，要多锋利有多锋利，再坚固的东西，没有扎不破的"。

他见大家露出惊奇的样子，禁不住得意起来，顺手又从地上拿起一只盾，呀呀吆吆地左右推挡着。这会儿，他可能是忘记刚才自己说过的话了，居然又大言不惭地吹嘘起手里的盾来："你们再看我这盾，牛皮做的。这可是世界上最坚固的盾，不论什么锋利的东西，都休想扎破它"。

图 6-20
2001 中国台湾
《寓言故事·自相矛盾》

"快来买呀，我这有世界上最锋利的矛，也有世界上最坚固的盾，不买您会后悔的。快来快来，过这村可就没这店了"。就在他转着圈玩命吆喝的时候，围观的人群里突然冒出这样一句话："嗨，兄弟。您能不能用这矛去扎那个盾，看看会怎样"。

"这……这……"只见他的脸一下子涨得通红通红的，赶紧收拾起兵器，在人们的哄笑中灰溜溜地走了。

15. 守株待兔

守株待兔的故事，源自《韩非子·五蠹》。

宋国的一个农夫正在田里干着活，一抬头，看见一只野兔子不知受了什么突然的惊吓，从远处狂奔乱窜地逃过来。由于慌不择路，这只野兔子一头撞到田边的一棵大树上，竟然

图 6-21　　　　　　　图 6-22
2001 中国台湾　　　2001 中国澳门
《寓言故事·守株待兔》《成语故事·守株待兔》

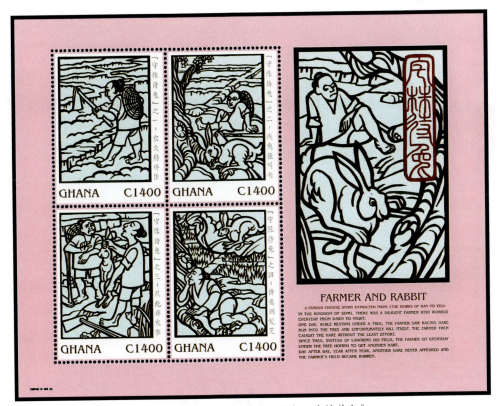

图 6-23　1999 加纳《农历新年·守株待兔》

活活地撞死了。

农夫跑来拣起野兔子，拿回家让老婆炖了一大锅，美美地享用了一番。吃完了心里还想着：天下竟有这样的便宜事，不费吹灰之力就有兔子吃，以后傻子才累死累活地种田呢。

第二天太阳还没露头，这农夫就起来去田里了。可他不是去干活的，而是早早守在那棵大树下，等着再有野兔子乖乖地来送死。

一天过去了，两天过去了……直等到田里的草比苗都高了，也没见到再有野兔子跑来往大树上撞。

16. 相敬如宾

相敬如宾的故事，源自《左传·僖公三十三年》。

晋国大夫臼季奉晋文公之命出使，路经冀地（今山西河津东北）遇见一位在田里锄草的农夫。

当时正是晌午，农夫的妻子给他送饭来了。尽管只是农家的粗茶淡饭，可妻子在用双手捧给丈夫时仍是很恭敬的样子，丈夫接过来也特别的庄重，并且先祝祷了一番才拿起碗筷。丈夫吃饭时妻子还侍立在一边，一直等他吃完才收好碗筷回去了。

一对贫贱夫妻，竟像对待宾客似的相互敬重，那对旁人就更不用说了。臼季觉得这农夫一定是有德之士，便下车走进田里请教他的姓名。一问，才知道他是前朝旧臣郤芮的儿子郤缺。原来，郤芮是因功才封在冀地的，后来他犯下了谋逆大罪被诛杀，儿子也贬为平民，现在靠给别人种地维持生活。

图 6-24　2006 中国香港
《中国成语故事·相敬如宾》

就在臼季完成使命回来的时候，晋国的两位贤臣狐偃和狐毛相继去世了，晋文公好像失去了左膀右臂似的。臼季见晋文公整日闷闷不乐的样子，便将路遇郤缺的事讲给晋文公，并说郤缺是个难得的德才兼备的人才，如果能使用起来，一定不比狐偃和狐毛差。可晋文公却认为郤缺是逆臣之子，不好用的。臼季就开导他说："古时的尧、舜都是贤君，可尧的儿子丹朱、舜的儿子商君却都不肖。大禹的父亲鲧九年治水不成，最后给舜杀了，后来大禹把水治了，舜又传位给他，使之成为一代圣君。由此可知，贤与不肖可不是父子相传的。您何必因为前嫌而抛弃栋梁之材呢？"

晋文公听了，觉得臼季说的在理，便让郤缺做了他的副手。晋襄公继位后，郤缺又因立下的赫赫战功，给重新封回了冀地。

17．开卷有益

开卷有益的故事，源自《渑水燕谈录》。

宋朝初年，大臣李昉等人从收集来的一千六百多种古籍中，精心摘录出有重要价值的内容，分门别类地编成一部千卷大书。因书是在宋太平兴国年间完成的，所以将书名定为《太平总类》。

宋太宗赵光义是个爱读书的人，见《太平总类》编好了，他就给自己做了这样一个规定：每天至少读两、三卷，一年内要读完才行。

大臣们见宋太宗要耗费如此大的精力去读一部书，都认为皇帝每天要处理的国家大事太多了，再挤时间去读《太平总类》，实在是太辛苦了，就劝他可以少读些，也不一定每天都读，以免累坏了圣体。

宋太宗听了，知道大家都是好意，便笑着说："我喜欢读书，在书里能找到许多外面没有的乐趣。平时多读些书，总是有益处的，况且我也没觉得读书是件费力劳神的事啊"。他是这样说的，也是这样做的，平日里坚持每天读上两、三卷，忙的时候耽搁了也要抽空补上。一年的功夫儿，宋太宗真的把《太平总类》逐字逐句地读完了。后来，人们根据这事儿，把书名由《太平总类》改为《太平御览》了。

"只要打开书本，总会有好处的"。大臣们见皇帝是如此的发奋读书，也纷纷效仿起来。就连平日不读书的宰相赵普，也捧着一本《论语》孜孜不倦地读起来。

图 6-25　2006 中国香港
《中国成语故事·开卷有益》

18. 同舟共济

图 6-26　2006 中国香港
《中国成语故事·同舟共济》

同舟共济的故事，源自《孙子·九地》。

吴国和越国虽是邻国，却经常为些鸡毛蒜皮的事打得不可开交，弄的两国百姓也是互相仇视着。即便这样，居住在界河两岸的边民们，又不得不来往。

这天，一艘张着篷帆的渡船，正从北岸往南岸驶起，船舱里的乘客不是吴国人就是越国人，可他们谁都不理谁，别扭极了。

船驶离北岸那会儿，天还是好好的。谁知刚到河的中央，突然乌云密布、狂风大作，倾盆的大雨也随之而来，河里的恶浪又一波接一波地打来，让船猛烈地摇摆起来，老人跌倒了，孩子吓哭了。

就在这紧急关头，只见驶船的老艄公一面竭力稳住船舵，一面大声喊两个青年船工快去解系桅杆上的绳索，好把篷帆落下来。要不，船就有给大风刮翻的危险。可能是船在风浪里颠簸的太厉害，两个船工怎么也解不开平时一下就能解开的绳索。千钧一发之际，从船舱里冒雨跑出十来个小伙子，也分不出哪个是吴国人哪个是越国人，反正是大家一起动手，相互配合着，很快就把绳索解开了。"哗"，篷帆落了下来，船一下子稳了许多。

风浪平息了，老艄公望着风雨中一起拼搏的人们，不禁感慨起来："吴越两国的人，要是能永远像刚才这样和睦相处，该有多好"。

19. 掩耳盗铃

掩耳盗铃的故事，源自《吕氏春秋·自知》。

说起来这是春秋末年的事。

有个人到范吉射家里去做客，见范家在客厅里摆着一口铸造精美的铜钟，心里便有了邪念，想把这钟给偷走。

天慢慢黑下来，这家伙趁范家的人没注意，又溜回客厅。他原想把钟整个拿走的，可是一搬没搬动，到底是铜铸的，实在是太沉了。怎么办呢？只见他

图6-27　2001中国澳门《成语故事·掩耳盗铃》

眼珠一转，有了：把钟砸碎，一块一块地搬出去。

他从门外找来一把劈柴用的大斧头，使足全身力气砸下去，只听"铛……"铜钟发出洪亮悦耳的声音，并没有丝毫的裂缝。再砸，还是这个样子。

这会儿，他一下子猛省过来，要是继续砸下去，钟声还不把范家的人给招来呀。他们一来，我就偷不成钟了。怎样才能叫他们听不到钟声呢？把耳朵堵上不就行了吗。哈哈，我真是太聪明了。他顺手就从衣服上扯了根布条，把自己的两只耳朵全堵上了。我听不见钟声，别人就更听不见了。

就在他举着斧头玩命砸的时候，叫听到动静急忙赶来看个究竟的主人抓个正着。咦，怪了。我把耳朵都堵上了，你是怎么听见的？

20．车水马龙

车水马龙的故事，源自《后汉书·明德马皇后纪》。

图 6-28　2007 中国澳门《成语故事·车水马龙》

　　马姑娘是东汉名将马援的小女儿，只因父母去世的早，小小年纪已开始操持家里的大事小情了，大家都夸她是个能干的好孩子。

　　汉光武帝的时候，十三岁的马姑娘给选到宫里侍候皇后去了，因为凡事都料理得井井有条的，皇后也就特别的喜欢她。待光武帝去世太子刘庄继位做了汉明帝，就将马姑娘封为贵人，不久又让她当上了明帝的皇后。只是她不曾生育过，便收养了贾妃的儿子做养子，取名刘炟。

　　马皇后平日里吃的是糙米饭，穿的是粗布衣。不仅生活如此的俭朴，知书识礼的马皇后在政治上也很低调，从不议论国事，更不去干预朝政，宫里的嫔妃们对她没有不敬重的。明帝去世后，她的养子刘炟继位做了汉章帝，马皇后由此也被尊为马太后了。不久，章帝便根据大臣的建议，打算封爵给马家舅舅，不想给马太后挡了回来，没有办成。

　　转过年来，全国各地发生了持续的旱灾。先前那些建议给太后的兄弟封爵的大臣来劲了，纷纷上奏说之所以天下大旱，都是去年不封外戚惹的祸，这次无论如何也要封。

章帝接了奏折不敢擅自做主，赶紧跑去请教马太后。马太后一听又是这事，不禁恼怒起来，一针见血地告诉章帝："凡是建议给外戚封爵的人，没一个不是献媚于我并想从中捞取好处的。天下大旱与封爵何干？要汲取前朝教训啊，宠幸外戚一定会招来不可避免的倾覆大祸。光武皇帝不让外戚担任要职，防的就是这个祸事。马家怎么能走老路呢？"

为坚决堵住自家兄弟的封爵之路，马太后又专门下了一道诏书，说："马家舅舅都是很富贵的。我身为太后，仍是食不求甘、衣不着锦，为的是给他们做个样子，好反省一下自己的行为。可他们不仅不反躬自责，还笑我太过寒酸。前些时日，我偶然从娘家门口路过，见前去拜访的、请安的，车子像流水一样不停地驶去，骏马也像游龙似的往来不绝；连家里佣人的衣服，不论面料还是式样都比我们强多了。他们寸功未立，只知享乐，根本不为国家分忧解愁，我是不会同意给他们封爵的"。

21．水滴石穿

水滴石穿的故事，源自宋罗大经《鹤林玉露》。

宋朝的时候，有个叫张乖崖的人去崇阳县做县令。下车伊始，张乖崖就发现崇阳县的社会风气差极了，可以说是盗贼遍地，偷窃成风。更有甚者，县衙钱库里的钱，也常常会莫名其妙地短少一些。张乖崖暗想：得寻个机会好好整治一下。

真是要睡觉来了枕头，机会很快给他抓住了。一天晚饭后，张乖崖正绕着衙门散步，忽见县衙钱库的门从里面悄无声息地打开一条缝儿，那个管理钱库的小吏探出头来，贼眉鼠眼地四下望望便跑了出来，不想与县令撞了个满怀。

"喂，慌慌张张的你干什么呢？""没干什么"。

钱库经常失窃，莫不是这小子监守自盗吧。

图 6-29　2011 中国香港
《中国成语故事·水滴石穿》

想到这里，张乖崖赶紧让随从搜查一下，结果还真在他的头巾里搜出一枚铜钱来。人赃俱获，也不散步了，张乖崖把嫌犯带回衙门连夜升堂，追问他总共从钱库里偷了多少钱。这位小吏嘴还挺硬的，只承认说今天一时糊涂，不过随便拿了一个子，过去可是从未偷过的。只是县令哪里肯信，不如实招来就大刑侍候，打得小吏怒从心起，不禁喊道："偷一个大子有什么了不起，你竟这样打我？你也只有打我的本事，难道杀我不成"！

坐在堂上审案的张乖崖一听，嘿！你偷了钱还敢顶撞我，实在是胆大致极。只见他随手抓起朱笔，毫不犹豫地判道："一天偷一个钱，一千天便是一千个钱。日子久了，用绳子锯木头，木头都会断；水不住地往下滴，石头也会给滴穿的"。判完将笔朝地上一扔，把小吏重重地惩罚了一下。从此刹住了崇阳县的盗窃之风，社会风气也大大地好转了。

22. 庖丁解牛

庖丁解牛的故事，源自《庄子·养生主》。

庖丁是梁惠王的御用厨师。

一天，梁惠王偶然路过厨房，正好赶上庖丁在宰杀一头足有千斤的黄牛，不禁停下脚步想看个究竟。只见庖丁手起刀落，三下五除二，好像不费吹灰之力就把牛骨和牛肉给分割开了。

梁惠王看了真是又吃惊又佩服，忍不住张口问他："你的手艺怎么这样高啊？""这没什么，不过是对牛的骨肉结构特别熟悉罢了"。庖丁谦逊地答道。

图6-30　2011中国香港
《中国成语故事·庖丁解牛》

"你用的刀，一定磨得很快吧？"梁惠王又抛出了第二个问题。庖丁笑了笑，不紧不慢地说："一般人宰牛用的刀，大多是一个月就换一把的，因为他们的刀经常碰到坚硬的牛骨头。宰牛的高手呢，可以一年换一把刀，因为他们只用刀来割肉。您看我这把刀，已经用了九年，宰杀过的牛有几千头，还像新的一样锋利。其实，每把刀的刀刃都是非常薄的，而牛的骨肉间的缝隙要比刀刃宽多了，我将如此薄的刀刃插进去是绰绰有余的，解起牛来当然就干净利索了"。

23．相濡以沫

相濡以沫的故事，出自《庄子·大宗师》。原文是"泉涸，鱼相与处于陆，相呴以湿，相濡以沫，不如相忘于江湖。与其誉尧而非桀也，不如两忘而化其道。"大意是：泉水干了，两条鱼一同被搁浅在陆地上，互相呼气、互相吐沫来润湿对方，难道这样会比湖水涨满时，各自游回江河湖海，从此相忘要来的悠闲自在吗？

图 6-31　2011 中国香港
《中国成语故事·相濡以沫》

你这样想就和称誉尧而谴责桀一样，还不如把两者都忘掉而把他们都归于事物的本真吧。

两条鱼被困在干涸了的陆地上，为了求生，两条鱼彼此呼出嘴里的湿气，吐出泡沫来湿润对方，这样的情景好令人感动，这就比喻一家人同在困难的处境里，用微薄的力量互相支持，互相帮助，释放希望，延续生命，显得患难与共而仁慈守义。

但是，这样的生存环境并不是正常的，甚至是无奈的。对于鱼儿而言，最理想的情况是，海水终于漫上来，两条鱼也终于要回到属于它们自己的天地，最后他们相忘于江湖。在自己最适宜的地方，快乐的生活，忘记对方，也忘记那段相濡以沫的生活。

24．千锤百炼

成语千锤百炼，出自晋·刘琨《重赠卢谌》诗："何意百炼钢，化为绕指柔。"宋·尤袤《全唐诗话》卷三："百锻为字，千炼成句。"比喻经历多次艰苦环境的磨难和考验。也指对文章和作品进行多次精心的修改。

图 6-32　2011 中国香港
《中国成语故事·千锤百炼》

与此类似的成语还有千锤万凿，出自明代于谦的《石灰吟》："千锤万凿出深山，烈火焚烧若等闲。粉身碎骨全不怕，要留清白在人间"。

改成白话文就是经过千锤万凿从深山里开采出来的石头，对烈火的焚烧看得平平常常。只要能把自己的清白留在世界上，粉身碎骨也不怕。

这是一首托物言志诗。作者以石灰作比喻，抒发自己坚强不屈，洁身自好的品质和不同流合污与恶势力斗争到底的思想感情。

25．节用厚生

图 6-33　2011 中国香港
《中国成语故事·节用厚生》

成语节用厚生出自唐·杨炯《梓州官僚赞·参军中山张曼伯赞》："谦谦曼伯，不逾规矩，节用厚生，保家之主。"节是节制、俭省，厚是宽厚、重视。节用厚生就是节约用度，充裕人民生活，也可理解为节简体能支付，重视养生以保长寿。

26．雪中送炭

在下雪天给人送炭取暖，比喻在别人急需时给予物质上或精神上的帮助。

据《宋史·太宗纪》记载，有一年天降大雪，天气非常寒冷。宋太宗在皇宫中忽然想起了穷人的可怜，就派官员拿着粮食和木炭，送给那些穷人和孤苦伶仃的老人，让他们有米做饭吃，有木炭生火取暖。人们很高兴，非常感动，十分感激宋太宗。

图 6-34
1980 中国台湾
《寓言故事·雪中送炭》

南宋时期，著名的诗人范成大一生写了许多脍炙人口的诗歌，深受人们的喜爱，晚年退居故乡石湖，自号石湖居士，他著作被编为《石湖居士诗集》，其中有一首《大雪送炭与芥隐》诗："不是雪中须送炭，聊装风景要诗来。"

七

民 间 故 事

　　民间故事是民间文学最重要的门类之一，是具有某种幻想性，又和现实生活有着密切联系的民间口头散文作品。民间故事不是生活的照搬，而是通过虚构和想象来表现现实生活。世界各国各民族都蕴藏着丰富的民间故事，真实地反映着社会生活中的复杂变化。各民族的民间故事在我们面前展现着千变万化的生活画面、形形色色的人物形象。它是艺术的迷宫，是各民族社会风情和人物个性的独特画廊。它那曲折的情节、完整的内容和丰富的感情使它成为最受人们喜爱的文学形式。

1．许仙与白娘子

　　白蛇因仰慕人间的美好生活，化身成白娘子与青蛇化身的侍女小青，于烟雨蒙蒙的清明时节，来到杭州的西湖踏青。她们游玩到断桥，天上突然

图 7-1　2001-26《民间传说——许仙与白娘子》

下起细雨，虽然不大，却也打湿了衣服，袭来的阵阵湖风吹在身上，还是冷得令人打颤。主仆二人正在为无法避雨为难之际，一位英俊的青年许仙迎面走来，他见她们的衣服已经给雨打湿了，怜香惜玉

图 7-2　1983
中国台湾《白蛇传》

图 7-3　2012 中国澳门《白蛇传》

之情不由从心底升起，赶紧把自己手里的伞递给白娘子，自己淋着雨陪她们欣赏雨中的湖光山色。

许仙的热情助人打动了白娘子，她以还伞为名找到许仙，向他大胆地敞开了心扉。其实，许仙对白娘子早就一见钟情了，只是不敢表达罢了。如今机会来了，怎能错过，当即定下姻缘，不久便结下秦晋之好。为了生活上的方便，两人婚后来到镇江，开了一家药铺谋生。

金山寺的法海和尚知道白娘子是蛇仙，非要拆了他们的姻缘不可。法海偷偷把许仙找到金山寺，说白娘子和小青都是妖。见许仙半信半疑，就叫他在端午节弄一杯雄黄酒给白娘子喝，到时就真相大白了。

图 7-4　2001 加纳《农历新年·白蛇传》

图7-5　2001 朝鲜《中国民间传说·白蛇传》

许仙实际上是个胆小、软弱、没主意的人，从金山寺回来，还真的起了疑心。他照着法海的法子，给妻子喝了雄黄酒，结果白娘子现了原形，竟把许仙吓死了。为救挚爱的丈夫，白娘子带病冒着生命危险，远赴昆仑山盗来仙草，使许仙死而复生。可许仙偏偏不争气，又被法海骗到金山寺囚禁起来。闻讯而至的白娘子不惜以六甲之身与法海斗法，虽借大水漫了金山寺，却没能找回丈夫。

不知经过几多的磨难，白娘子和逃回杭州的许仙在断桥重逢了。夫妻相见，百感交集，尽管小青极其痛恨许仙的薄幸，可白娘子最终还是原谅了他，重归于好了。

感人至深的许仙与白娘子传说，早就被京剧表演艺术家们搬上了戏剧舞

图7-6 T141-1
叶浅予画作《白蛇传》

图7-7 1991中国澳门
《中国戏剧·白蛇传》

图7-8 2010-4
《梁平木版年画·盗仙草》

台，其中最脍炙人口的情节，还是民间木版年画的好题材。

图7-9 2003-2
《杨柳青木版年画·盗仙草》

2. 董永与七仙女

　　朴实的农家子弟董永幼年丧母，平日里与父亲相依为命。老父不幸病逝后，家徒四壁的他为尽孝道，不惜以三年为期将自己卖给了傅员外，这才换些银子勉强安葬了父亲。待料理完后事，董永掩好柴门，转身往傅员外家去了。

　　董永卖身葬父的孝行，被玉帝的小女儿七仙女看在了眼里。七仙女正为天宫日复一日，虽奢华却无聊的生活烦恼着，见凡间竟有如此忠厚之人，不禁心生敬意，萌发爱慕之情。七仙女对董永的思恋，早就给心细如发的大姐看穿了。七仙女见瞒不住，索性把心事全讲给大姐听了。为成全小妹的好事，大姐置天宫森严的戒律于脑后，借着姐妹们一起游玩凌虚台的机会，帮她降临到了人间。临别时，大姐又送七仙女一把"难香"，叮嘱她危难时燃上一支，姐妹们就会前来扶危济难。

　　换上民间女子装束的七仙女，来到一个路口的大槐树下，等着心上人的到来。不大工夫，董永果然走来了，七仙女大大方方地拦住他，敞开心扉地表达了真挚的感情，

图7-10 1971
中国台湾《中国民间
故事·卖身葬父》

图 7-11 2002-23《民间传说——董永与七仙女》

希望董永能娶自己为妻。看董永还是一副懵懵懂懂的样子，七仙女便略施小计，唤来土地从中说合，令大槐树说话从中做媒，终于让二人在路上拜了天地结成夫妻。为了帮丈夫早日赎身，七仙女决定和董永一起去傅员外家做工。

傅员外故意为难董永，说是七仙女想留下也可以，但必须一夜织出十匹锦绢。如果织成了，那三年的卖身期限可减至百日，否则就要改成六年。入夜，七仙女来到织房，燃上"难香"，大姐带着姐妹们来了。大家一起动手，天还未亮便织出了十匹锦绢。暗自得意的傅员外一早就来织房看笑话了，待看到十匹锦绢已织好，竟目瞪口呆地说不出话来，只好履行诺言了。

百日的赎身期限满了，董永和七仙女就像飞出笼子的小鸟，高高兴兴把家还。他们走到做媒的大槐树跟前，七仙女告诉董永说自己有喜了。惊喜中的董永赶紧安顿好妻子，去附近的村子给她讨水喝。

忽然，天空狂风大作，一队天兵天将随之而至。原来，七仙女下凡的事被玉帝知道了。震怒之余，玉帝派天兵天将来传圣旨：限七仙女午时三刻返回天宫。如有违命，必将董永碎尸万段。天兵天将走了，董永也捧着水跑回来了。心如刀绞的七仙女实在不忍丈夫无辜受害，只得将自己的身世和来历如实相告。言罢，在大槐树上奋力刻下"天上人间心一条"，望着欲留无计，仰天大哭的董永，满怀悲愤恋恋不舍地飞回天宫。

脍炙人口的黄梅戏《天仙配》就是根据这个传说编成的，是黄梅戏早期积累的"大本"戏之一。1955 年被摄制成戏曲艺术片，1963 年再次搬上银幕，易名《槐荫记》。

3. 梁山伯与祝英台

梁山伯与祝英台的传说，是中国版的罗密欧与朱丽叶。

聪颖漂亮的祝英台，是会稽府祝员外的女儿。一天，在闺房凭窗远眺的祝英台，见路上往来的尽是些书生，也萌动了去钱塘求学的念头。女孩子独自外出读书，老员外打心眼里是不赞成的，可见女儿矢志上进的样子，只好勉强应允了。为了免去不必要的麻烦，英台把自己打扮成一位英俊的书生，在扮作书童的侍女的陪同下，踏上前往钱塘求学的行程。大概是苍天的安排吧，英台与同赴钱塘求学的书生梁山伯不期而遇。一路上两人交谈甚欢，大有相见恨晚之意，还没到钱塘就在草桥亭上撮土为香，结为金兰之好。

相互称兄道弟的梁山伯和祝英台，来到钱塘入了万松书院同窗读书，一晃就是三年。三年里，"兄弟"间情益日深，同食同寝同学习，已

图7-12　2003-20
《民间传说——
梁山伯与祝英台》

图7-13　1986中国台湾《梁祝故事》

图 7-14　2003 中国澳门《传说与神话——梁山伯与祝英台》

是一刻都不能分离。尽管两人是如此的亲密，"哥哥"竟没察觉出"弟弟"是个女儿身。梁山伯书虽读得好，书生气却过重了，加上英台机灵的巧言遮掩，他怎能发现这个秘密呢。

　　三年过去了，思女心切的老员外屡屡派人赶赴钱塘，催促年龄日长的女儿早日回家。是该回去了。英台找了个临行前与先生辞别的机会，悄悄地向师母倾诉了衷肠，申明自己原是女儿家，并且深深地爱着如兄长般的梁山伯，恳请师母一定促成他俩的好事。

　　英台真的要走了，梁山伯依依不舍地送了十八里。相送途中，英台以物托意，不停地用"青青荷叶清水塘，鸳鸯成双又成对"，"你我好比牛郎织女渡鹊桥"，"你看井底两个影，一男一女笑吟吟"来暗示他们之间的爱情，可忠厚纯朴的梁山伯却不解其中的风情。

梁山伯没精打采地回来了，已等候多时的师母忙迎上去，将英台相托之事一五一十说与他听。喜出望外的梁山伯连辞行都顾不上了，日夜兼程赶往祝家去求婚，可惜他还是晚了一步，老员外已将英台许给了太守之子马文才。这真是有情人终不成眷属，美满姻缘两拆开。梁山伯离开祝家时，两人于楼台伤别，一起立下"生不同衾死同穴"的盟誓。没过多久，梁山伯便因忧郁成疾，不治身亡了。消息传来，悲恸不已的英台暗暗下了殉情的决心。

马文才来迎亲了。当吹吹打打的迎亲队伍路经梁山伯墓时，一身素服的英台喊停花轿，走过去扶碑痛哭。哭着哭着，狂风阵阵，炸雷滚滚，"咔嚓"一声，新修的墓裂开了。英台纵身一跃跳了进去，裂开的墓随即又合上了。转瞬间，风停了，雨住了，云开了，日出了。只见一对梁山伯和祝英台化成的蝴蝶，向着高悬的彩虹翩翩飞去了。

这个凄美动人的故事，多年来一直被人们传诵着。许多地方戏曲作品都取材于这个传说故事。越剧《梁山伯与祝英台》1953年还摄制成彩色戏曲艺术影片。

4．柳毅与小龙女

传说在唐高宗年间（650—683），湘乡书生柳毅赴京赶考，不想却落了榜。

图7-15　2004-14《民间传说——柳毅传书》

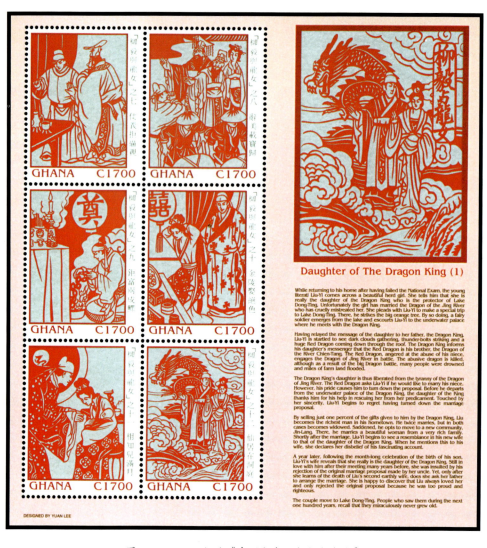

图 7-16　2000 加纳《农历新年·柳毅与龙女》

因为在泾阳有一个朋友，便在回乡时绕道去见上一面。

　　眼看就要到泾阳城了，柳毅却在人迹罕至的荒郊野滩上，遇见一位姑娘正孤零零地放着一群羊。姑娘虽衣装粗简，面目憔悴，神情也是格外的凄苦，但仍掩饰不住她那超凡的气质和娇俏的容颜。心里觉得蹊跷的柳毅，不由停下脚步寒暄几句，一听口音，还是自己的乡亲呢。

原来，姑娘竟是洞庭龙王的女儿，因父母包办了婚姻，才远嫁到荒凉之地做了泾河龙王的儿媳。这倒也罢了。不想丈夫是个薄情寡义之辈，整日里只知寻欢作乐。而公婆又竭力袒护儿子，不但不给儿媳做主，还百般刁难地让她到荒郊野滩去放羊。迢迢万里路，茫茫长天水，遥望洞庭，小龙女真是欲诉无门，欲哭无泪啊。今日恰巧路遇落榜归籍的柳公子，便修书一封托他带回洞庭家中。

闻听小龙女的不幸遭遇，柳毅慨然允诺，也顾不得去见朋友了，怀揣着小龙女的家书，日夜兼程不几天便来到了烟波浩渺的洞庭湖。他按照小龙女的指点，找到一株大橘树连叩三下，碧波下果然钻出揭水引路的虾兵蟹将，把柳毅带进龙宫面见龙王。洞庭龙王读了爱女的家书，听了柳毅的描述，知道小龙女受了委屈，甭提多伤心了。这洞庭龙王的弟弟钱塘君，是个性情刚烈、疾恶如仇的人，听说侄女在夫家遭如此欺辱，顿时大怒凌空而去，诛杀了泾河逆龙，顺便把小龙女救了回来。

小龙女见柳毅虽是一介文弱书生，却丝毫不逊于侠肝义胆的壮士，深深地爱上了他。钱塘君也非常敬佩柳毅的见义勇为，更是有心玉成此事。可柳毅却婉拒了。因为自己受托传书，完全是源于对泾河逆龙的义愤，没有任何贪财恋色的个人企图。正直的柳毅辞别了小龙女，回到家乡发妻的身边。

面对柳毅的拒绝，性情温顺善良的小龙女没有气馁。她尝过包办婚姻的苦果，决定自己去寻找幸福的爱情。听说柳毅的妻子亡故了，小龙女便化做民妇的模样，找到孤居的柳毅与他结为夫妻。直到第二年他们的孩子出世了，小龙女才道出真情。从此，两个人心心相印，过着恩爱美好的生活。

1998 年，中国邮政为中国 1999 世界集邮展览发行一套邮资邮简，其中一枚邮简图案即为柳毅传书。

5. 牛郎与织女

"牵牛出河西，织女处其东"。

故事的男主人公原名叫牵牛，是天上的星辰。只因他真心爱着同为星辰

图7-17　2010-20《民间传说——牛郎织女》

图7-18　1981中国台湾《牛郎织女》

的织女，触犯了王母娘娘的天条，才被贬到凡尘做放牛郎的。尽管遭此磨难，可牛郎对织女的思恋，却一点没减少。

有那么一天，牛郎放的一头老黄牛突然开口说话了，"织女明天会和仙女们偷偷下凡来河里洗澡，到时你去取来她的衣服藏起来。织女找不到衣服就回不了天上，等仙女们回去你再把衣服还给她，这样你们就能在一起了"。第二天，织女果然来了，牛郎照着老黄牛说的，真的如愿以偿把织女留在凡间了。从此，牛郎和织女过上了我耕田来你织布，一双儿女屋前嬉，淳朴、自然、安乐的农家生活。

什么事也瞒不住王母娘娘，她在天上不见了织女，知道一定是偷偷跑去凡间，被牛郎留下了。"这还了得！来人，把织女给我抓回来"。王母娘娘的话谁敢不听，只有一瞬间的工夫，一个美满幸福的家庭硬是给拆散了。就在牛郎望着离去的织女无计可施的时候，老黄牛又开口说话了，"把我杀了吧。披上牛皮，你可以飞到天上去找织女"。寻妻心切的牛郎听了，含泪杀了老黄牛，用扁担挑上一对儿女，披上牛皮追织女去了。

王母娘娘见牛郎追来了，拔下发簪轻轻一划，一条宽宽的天河横在他们中间，将这对恩爱夫妻隔在了河的两岸。隔河相望不相见的牛郎织女泪如雨下，悲戚之情又打动了王母娘娘，便让乌鸦告诉他俩可以七天见上一面。谁知乌鸦传错了话，说成是每年七月初七才能相会一次。

每年的七月初七，凡

图 7-19　中国澳门《牛郎织女》

图 7-20　2012 中国澳门《传说与神话——牛郎织女》

图 7-21　1997 加纳《牛郎与织女》

图 7-22　1994
中国香港《中国的
传统节日·七夕》

间的喜鹊都要飞到天上来，在天河搭成绵延的鹊桥，好让织女渡河与牛郎相会去。这一天，现今成了中国的情人节。

6. 木兰从军

木兰从军的故事，源自《木兰词》。

花木兰上有年迈父母、下有幼小弟妹，她几乎承担着家中所有的劳作。尽管如此，她还是在织布、做饭、洗衣、喂猪之余，跟着父亲读书、写字。性格爽朗的她还喜欢骑马射箭，练下一身的好武艺。

有一年，边塞突然狼烟四起，衙门里的差役奉命来到木兰家，通知木兰的

图7-23　2000-6《木兰从军》

父亲去当兵戍边。父亲已年过半百了，哪有力气去打仗；可弟弟又太小，连枪都拿不动。愁得木兰吃不下、睡不着，想来想去，只有一个法子：那就是女扮男装替父从军。

打定主意的木兰，用平日里攒下的零用钱买来战马和刀枪，先把自己装备起来，然后拜别依依不舍的父母和弟妹，踏上为国效力之路。刚刚来到队伍上，木兰就和战友们火速开到北方边境，耳畔早没了父母亲切的呼唤，传来的只有塞外敌骑的嘶鸣。木兰暗下决心：杀敌立功，早日凯旋。

图7-24　1975
中国台湾《中国民间
故事·代父从军》

行军作战的艰辛自然不在话下，因为还是女儿身，木兰还要处处小心，时刻提防自己的秘密不要给战友们发现。白天行军从不掉队，夜晚宿营和衣而卧，作战厮杀更是冲锋在前。战友们都以为她是一个志气高、本领强的男儿郎呢。

十二年过去，战争终于结束了。参加过无数次战斗，屡立战功的木兰，谢绝了皇帝的赏赐，在战友们的陪伴下回到久别的家乡。当她脱去战袍，换上女装，梳好头发，贴上花黄，从闺房走出来向送她的战友们致谢时，大家都惊呆了："我们跟木兰情同手足，十二年里竟不知她是个女儿身"。

7. 歌仙刘三姐

刘三姐是壮族民间传说的人物。聪慧机敏，出口成歌，歌如泉涌，优美动人，有"歌仙"之誉。人们对其无比喜爱，有关她的故事与记载很多，更

图 7-25　2012-20《民间传说——刘三姐》

是在每年的三月三当成节日来纪念她。

相传在罗城的天洞之滨，有个美丽的小山村。村中有一位叫刘三姐的壮族姑娘，自幼父母双亡，靠哥哥抚养，兄妹二人以打柴、捕鱼为生，相依为命。三姐不但勤劳聪明，纺纱织布更是众人夸赞的巧手，而且长得宛如出水芙蓉一般，容貌绝伦。尤其擅长唱山歌，她的山歌遐迩闻名，故远乡近邻的歌手常聚集其村，争相与她对歌、学歌。

刘三姐常用山歌唱出穷人的心声和不平，故而触犯了财主的利益。当地财主莫怀仁贪其美貌，欲占为妾，遭到她的拒绝和奚落，便怀恨在心。莫企图禁歌，又被刘三姐用山歌驳得理屈词穷，又请来三个秀才与刘三姐对歌，又被刘三姐等弄得丑态百出，大败而归。莫怀仁恼羞成怒，不惜耗费家财去勾结官府，咬牙切齿必欲将刘三姐置于死地而后快。为免遭毒手，三姐偕同哥哥在众乡亲的帮助下，趁天黑乘竹筏，顺流沿天河直下龙江后入柳江，辗转来到柳州，在小龙潭村边的立鱼峰东麓小岩洞居住。

据说来到柳州以后，三姐那忠厚老实的哥哥刘二心有余悸，怕三姐又唱歌再招惹是非，便想方设法来阻止。一天，他终于想出了个办法，从河边捡回一块又圆又厚的鹅卵石丢给三姐，说："三妹，用你的手帕角在石头中间钻个洞，把手帕穿过去！若穿不过，就不准你出去唱歌！"接着铁青着脸一字一顿地补充道："为兄说一不二，绝无戏言。"

天宫七仙女恐三姐从此歌断失传，于是取下一根头发簪甩袖向凡间刘三姐手中的石块射去，不偏不歪，把石头穿了一个圆圆的洞，手帕穿过石头，从此刘三姐的歌声又萦回在立鱼峰，慕名来学歌的、对歌的人连续不断。后来，三姐在柳州的踪迹被莫怀仁侦知，他又买通官府派出众多官兵将立鱼峰团团围住，来势汹汹，要捉杀三姐。小龙潭村及附近的乡亲闻讯，手执锄头棍棒纷纷赶来，为救三姐而与官兵搏斗。三姐不忍心使乡亲流血和受牵连，毅然从山上跳入小龙潭中。

正当刘三姐纵身一跳的时候，顿时狂风大作，天昏地暗。随着一道红光，一条金色的大鲤鱼从小龙潭中冲出，把三姐驮住，飞上云霄。刘三姐就这样骑着鱼上天，到天宫成了歌仙。而她的山歌，人们仍世代传唱着。为纪念她在柳州传唱的功绩，人们在立鱼峰的三姐岩里，塑了一尊她的石像，一直供奉。

8. 老鼠嫁女

令人忍俊不禁、幽默至极的老鼠嫁女故事，早在明朝便已流传开了。

老鼠嫁女故事的流传地，大都是清朝时年画的产销地。其中的关联，大约是因为这则人们喜闻乐见的民俗故事，是木版年画最重要的表现题材之一吧。据《方言一》解释："嫁，往也，自家而出谓之嫁，由女而出为嫁也"。由此引申，认为嫁女的意思，便是把老鼠送出家门。但在不同的地域，这则故事的名字是大异其趣的。除"老鼠嫁女"外，也有叫"老鼠娶亲"的，还有叫"鼠婚"、"鼠纳妇"、"鼠招婿"的。

老鼠嫁女流传的地域极其广阔，必然导致故事内容的繁杂多变。只是无论怎样，故事都强化了鼠与猫的对立关系，诠释了猫吃老鼠的合法性。在众多的流行版本中，主要有以下两则：

图 7-26　2009-2
《漳州木版年画·老鼠嫁女》

图 7-27　1972 越南
《东湖民间年画·老鼠娶亲》

图 7-28 1996 加纳《农历新年·老鼠娶亲》

　　第一个和生肖还有点关系。说玉皇大帝派猫通知牛虎等上天排座次，老鼠偷听了猫的传话，捷足先登坐上十二生肖的头把交椅。而疲于传令的猫却因泄密，给逐出十二生肖之列，于是与鼠结下深仇。老鼠为化解和猫的仇恨，寓意把漂亮的女儿许配给猫，经黄鼠狼从中做媒，猫一口答应了下来。没料想，在老鼠择定的良辰吉日里，猫把老鼠连同送亲的队伍，全吃掉了。

　　第二个流传的更广些。说老鼠想给女儿找个最强大、没人敢惹的夫婿，先后问了太阳、云、风、墙，转了一圈，又回到邻家小公鼠那儿。小公鼠说他最怕猫，老鼠便决定把鼠女嫁给猫。到了嫁女的时候，猫为了证明自己是最强大的，就把老鼠都吃了。湖北有儿歌唱道："拍簸箕，拍簸箕，老鼠子下儿不成器。嫁给天，云遮你；嫁给云，风吹你；嫁给风，墙挡你；嫁给墙，入地狱"。直到今天，在"老鼠嫁女"的年画上，大多有"佳期百日庆回门，胆大老鼠来迎婚；三遇狸猫山后立，一口吞去命归阴"的题词。

老鼠嫁女的故事还传入邻国，朝鲜、越南的邮票中也有着老鼠嫁女的画面。

八
儿童故事与童话故事

儿童故事以叙述事情为主，有故事情节，一般比较短小，主题单纯，内容生动，语言明快，简洁易懂，符合儿童心理。包括动物故事、生活故事、历史故事、英雄人物故事等等。童话则是带有浓厚幻想色彩的虚构故事。儿童文学在儿童少年的成长历程中起着不可估量的作用，有多少孩子会缠着家长要听故事，又有多少孩子是在故事的满足中安然入睡。故事是孩子们的良师益友，精神食粮，生活的教科书，幻想的翅膀。

1. 汪踦杀敌

汪踦是鲁国贵族公为的书童，别看他只有十来岁，志向却不小，经常和主人一起议论些国家的大事。

图 8-1　1974
中国台湾《中国民间
故事·汪踦杀敌》

当时，弱小的鲁国不时受到强邻齐国的欺辱。鲁哀公十一年的时候，齐国又无端发兵打来了。消息传来，公为不禁仰天长叹，为鲁国的安危担心起来。汪踦见主人整日眉头紧锁，想到现在已是国难当头，便对公为说："主人，咱们一起驾车去战场看看吧。做不了别的，也可以给士兵们助助威"。"对呀。与其在家中坐以待毙，不如去城外为国效力。"

汪踦陪着主人乘车刚刚出了城门，就见前方一片烟尘伴着哭喊声滚滚而来，定睛一看，原来是鲁国的败兵们逃回来了。想着他们平日里在百姓面前耀武扬威的神气样子，再看他们现今在强敌之前抱头鼠窜的狼狈模样，汪踦真是又恨又痛。

眼见齐军呐喊着追来，公为赶紧对汪踦说："一个人在国家危难之际不去献身，那是奇耻大辱啊。我要上战场杀敌了！你还小，快回家吧"。汪踦却斩钉截铁地说："国要是亡了，哪还有家啊。我不回家，我跟您一起去杀敌！"说完，就抖起缰绳，一面大喊杀敌，一面高举利剑，驾车向迎面扑来的敌人轰隆隆地冲过去。

那些潮水一样奔逃的鲁国败兵们，无不被他们主仆二人视死如归的气势所感动，不由得停下脚步，回转身重整旗鼓又冲了回去，终于把齐军的进攻给挡住了，可汪踦却战死了。鲁国军民在请教了孔子后，以成人之礼安葬了他。

2. 缇萦救父

汉朝初年，太仓令淳于意拜阳庆为师，在学得了黄帝、扁鹊传下来的医术后，便辞了官职行医去了。

淳于意的医术虽然很精湛，可也有治不了的病。一次，淳于意去给一位病入膏肓的贵妇诊病，回天无力的他为安慰贵妇的家人，便象征性地开了几副草药给她服用。不想，这贵妇死了以后，她的家人竟一口咬定是淳于意把药方开错了，勾结官府把他投进大牢。判决很快就有了结果：肉刑。肉刑是一种对犯人特别痛苦的凌辱，具体说来就是或脸上刺字，或割掉鼻子，或砍去一只脚。只是淳于意做过太仓令，按规矩还要押到都城长安才能受刑。

临别那天，淳于意的五个女儿哭哭啼啼都来了，他见了心里一阵难过，感叹道："唉！只可惜我生了五个女儿，没有一个儿子，到了紧要关头，谁也派不上用场"。淳于意最小的女儿缇萦听父亲这样讲，既悲痛又不服。她觉得自己也能和男孩子一样，在关键时刻为父亲解危救难。想到这，缇萦毅然决然地跟着父亲去了长安。

图8-2 1974
中国台湾《中国民间
故事·缇萦救父》

历经千辛万苦，终于到长安了。一到长安，缇萦当即请人代写了一纸文书，向汉文帝陈述父亲的冤情。她是这样说的："我是缇萦，原太仓令淳于意最小的女儿。我父亲任职的时候，百姓都说他是个清官。现在他受到了冤屈，眼看就要受肉刑了。肉刑太惨了，我既为父亲难过，也为所有受这种刑罚的人伤心。刑罚的目的不是让人改过自新吗？可受了肉刑的人肢体却永不复生，他们想悔过也做不到了。我愿给官府做奴婢来替父亲赎罪，给他一个改过自新的机会吧"。

汉文帝读了缇萦情真意切、悲辛感人的上书，被她自愿替父受罚的孝行感动了，不但下诏赦免了淳于意，还废除了令人身心剧痛的肉刑，改成打板子。

3. 解亲之忧

图8-3　1982
中国台湾《中国民间
故事·解亲之忧》

生于晋惠帝永康元年（300）的荀灌娘，是"履孝居忠，无惭往烈"的荀崧的女儿。这小姑娘自小就不爱读书写字，对针织女红更是不屑一顾，偏偏喜欢舞枪弄棒的。无可奈何的荀崧两口子一点办法也没有，时间一长索性顺其自然，随她去了。

晋愍帝建兴元年（313），荀崧由襄阳太守擢升平南将军，驻节宛城（今河南南阳）。跟随父亲来到宛城的荀灌娘如鱼得水，整日骑着一匹高头大马，不是猎狐兔就是射飞雁，功夫好生了得。这时的荀灌娘，还只是个刚刚十三岁的孩子。

也就在这一年青黄不接的时候，一个叫杜曾的匪首领着几万贼兵，从西域窜来突然把宛城围了个水泄不通。当时的宛城仅有千余人马，守御尚且不足，何谈出击歼敌。可要长期固守，城中所剩无几的粮草也不够啊。荀崧左思右想，只有一个办法：那就是修书一封，派人杀出去，驰往临近的襄阳，请求昔日的旧部也就是现任襄阳太守石览前来营救。可派谁去好呢？

荀崧正为找不到合适的人选发愁呢，荀灌娘从外面闯了进来，朗声对父亲说愿往襄阳投书请援。荀崧听了大吃一惊，连连摇头说："那些久经沙场的士兵恐怕都担不起如此重任，你一个小姑娘怎么行？"其实，荀灌娘早就有所准备了，她镇定地答道："您知道的，女儿年纪虽小可武艺高超啊！我可以乘敌不备，出其不意杀出重围。与其这样坐以待毙，不如冒险试一下。如果突出去搬来救兵，不但保全了城池，也拯救了百姓的生命。要是万一给贼兵抓到，顶多也就是个死。同样是死，为什么不死里求生呢？"荀崧听女儿讲得在理，便从军中挑了十名壮士，趁着夜色正浓打开城门和荀灌娘一涌而出，穿过壁垒向着襄阳绝尘而去。

襄阳太守石览见一个十三岁的小姑娘，竟然甘冒矢石突出重围替父投书求援，不禁为她的勇敢和孝心所感动。他马上联络了荆州刺史周鲂，两人合兵一处直扑杜曾，几个回合下来便杀退了贼兵，从而解了宛城之围。

4．司马光砸缸

司马光（1019—1089），字君实，号迂叟，北宋著名政治家、史学家。因是陕州夏县（今属山西）涑水乡人，故世称"涑水先生"，"嘉祐四友"之一。

出身于官宦世家的司马光，不到七岁就给父母送到尊贤馆读书了。据史书记载，"背诵不如同学"的司马光，常常是"手不释书，至不知饥渴寒暑"。这为日后《资治通鉴》的写作，打下了坚实的基础。

在尊贤馆读书时发生的一件事，让少年司马光名播九州。

一天课间休息的时候，几个淘气的孩子玩起了捉迷藏。一个孩子为了藏的更隐蔽些，便爬上长满青苔的假山。不想他刚爬上去还没藏好，脚下一滑就摔了下去，正好掉进一口又大又深的水缸里。这水缸是学馆预备灭火用的，早就灌满了水。里面的孩子尽管手脚并用扑腾着，可就

图8-4　2004-11《司马光砸缸》

图8-5 1974
中国台湾《中国民间
故事·破缸救友》

图8-6 2007-14《孔融让梨》

图8-7 1974
中国台湾《中国民间
故事·孔融让梨》

是翻出不来，眼瞧着就要没顶了。

一起玩的孩子都慌了，胆小的吓得大哭起来，胆大的赶紧往教室跑去叫先生。年纪小小的司马光没有慌张，只见他跑到假山脚下，搬来一块大石头，使出全身的气力高高举起，拼力朝水缸砸去。"哐当"，缸破了，水"哗"地一下就流光了。里面的孩子眨巴眨巴眼睛钻出来，嘿，除了喝几口水，什么事都没有。

这会儿，老先生也赶来了，见司马光遇事竟能如此的沉着、冷静、勇敢，忍不住夸赞他将来必为担大任者。

5. 孔融让梨

《三字经》中耳熟能详的"融四岁，能让梨"，说的就是孔融让梨的故事。

孔融（153—208），字文举，鲁国鲁县（今山东曲阜）人，为孔子嗣孙，汉末文学家。因任过北海相，故时称孔北海。

在孔融四岁的时候，邻家送来一篮自种的梨，自然是有大的，也有小的。几个哥哥上来，都是挑大的吃，只有孔融很从容地捡了一个小梨吃。旁人见了，有惊讶、有疑惑、有赞许、有羡慕，问他为什么这样做，孔融说："几个哥哥年长，应该吃大的。我的年纪小，要尊敬他们，自然要吃小的呀"。

难怪《三字经》要说"弟于长，宜先知"了。

6. 曹冲称象

发生在三国时的曹冲称象故事，是我们中国古代对阿基米德定律的有效验证。尽管当时没人知道阿基米德是何许人也。

孙权把一头大象作为礼物，送给了北方的曹操。第一次亲睹这么个大活物的曹操，高兴之余就想弄清楚它到底有多重。他招来手下的文臣武将，看谁能有办法整明白。

一位文臣自做聪明地出主意："可以先造一杆大秤，把大象抬起来称就是了"。"造一杆大秤不是问题，问题是谁去抬大象呢"？文臣无言，灰溜溜地退下去。一位武将志在必得地高声喊："这有何难。先把大象杀了，切成一块一块的称就成了"。"大象死了，我又何必知道它的重量呢"？武将无语，红着脸闪到后面去了。

图 8-8　2008-13
《曹冲称象》

就在文武百官想不出法子，围着大象发愁的时候，一个十来岁的孩子从人群里钻出来，非常自信地说："爸爸，我有个称大象的法子"。说此话的，原来是曹操的小儿子曹冲。文武百官碍着曹操的面子，嘴上虽然没说什么，可心里却在想：我们大人都没法子，你一个乳臭未干的毛孩子又能怎样。

曹操知道曹冲自幼聪慧，但此时也是半信半疑的，便催促道："你有什么好法子，快说出来听听"。待曹冲说完，曹操连连拍手叫好，立即吩咐左右牵上大象，对文武百官说："走！快走！都到河边去看冲儿称象"。

曹冲拉着曹操的手，和文武百官一起来到河边，把大象牵到船上。船平稳了就在船舷与水面平齐的地方，划了一个记号。然后把大象牵到岸上，再往船上装石头，等船舷上划的记号与水面平齐才停下来，再让人去称石头。

是这么回事啊！文武百官这会儿全明白了。原来，只要将船上的石头挨个称一遍，把每块石头的重量加在一起，就是大象的重量了。

7. 灌水浮球

文彦博灌水浮球是继曹冲称象之后，又一则孩子们运用物理学中的浮力原

图 8-9　2010-12
《文彦博灌水浮球》

图 8-10　1974
中国台湾《中国民间
故事·灌水浮球》

图 8-11　1974
中国台湾《中国民间
故事·拾金待主》

理，成功地解决实际困难的益智故事。

文彦博（1006—1097），字宽夫，汾州介休（今山西介休文家庄）人，宋仁宗天圣五年（1027）进士及第。文彦博一生历仁、英、神、哲四朝，出将入相达五十年。最有意思的是，他举荐王安石，却始终反对他变法。

文彦博灌水浮球的故事，最初见于元胡炳文所著《纯正蒙求》一书。宋朝的时候，击球游戏在孩子们中间是十分流行的，幼时聪颖的文彦博也常和小伙伴们一起玩球。

有一次，大家正在场院上玩的起劲，不知是谁飞起一脚，把球踢进场边老槐树的树洞里去了。进去拿吧，树洞太窄钻不进去；用棍挑吧，树洞又太深够不着。就在大家一筹莫展的时候，文彦博想出一个好法子：往树洞里灌满水，球就会浮出来了。对呀，小伙伴们赶紧跑回家拿来陶盆瓦罐，从小河里舀来水一点一点灌到树洞里。不一会儿的工夫，球真的浮出来了，大家又兴高采烈地玩了起来。

8. 拾金待主

这个故事的主人公叫王华。

王华是谁？说出来吓你一跳，他是世称阳明先生的明朝大哲学家王守仁的爸爸。其实，王华也不是简单之辈，非要靠儿子出名，只不过阳明先生的名气比他大些罢了。明成化十七年（1489），王华中了状元，从此他的官职一路飙升，最后做到了吏部尚书。当然，这个故事发生的时候，他还小呢。

王华6岁那年的夏天，他和一帮小伙伴光着屁股在池塘里打水仗。玩的正起劲呢，就见一个拿着包袱的人走过来，在塘边撩起水洗了洗手又走了。那人是不是喝多了？怎么把包袱落这儿了。王华爬上岸来，拣起包袱打开一看，哎哟！里面有十多两金子呢。王华想：那人要是发现金子丢了，该有多着急啊，一定会回来找的。我就在这等他吧。可有人来抢金子怎么办？对了，我先把金子在塘边藏起来。

王华也不玩了，趁没人注意把金子埋到水塘里，然后拿着包袱坐在塘边等啊等。太阳就要落山了，那人真的哭着找回来了。王华赶紧迎了上去，先把包袱还给他，再带他把金子挖了出来。那人见到失而复得的金子高兴极了，非要送一两给王华做报酬，可王华却坚辞不受。他说：把拾到的东西送还给它原来的主人，是做人的本分。

9. 孟母三迁

流传千年的《三字经》中有这样一句："昔孟母，择邻处"，讲的是孟子的母亲为了给孟子营造一个良好的学习环境，接连三次搬家的故事。

孟子，名轲，邹（今山东邹县）人，战国中期思想家。

孟轲3岁那年父亲死了，是寡居的母亲把他养大的。这位母亲特别重视孩子的教育，一心要把他培养成才。当时，孟轲家住在郊外墓地旁，三天两头就有送葬的队伍路过。见多了，小孟轲便时不时地跟在人家的屁股后面，有样学样地吹吹打打、哭哭啼啼，觉得挺好玩的。有时候他还领着一群小伙伴跑到墓地，做些死人下葬的游戏。儿子玩得很开心，母亲见了却很担忧：不好好读书，如此下去怎么会有出息呢。不行，搬到城里去。

城里没有墓地，小孟轲自然不会玩死人下葬的游戏了，按母亲的要求每天读起《论语》来。刚开始还能认真地读上几页，可日子一长，他的心里又跟长了草似的坐不住了。原来，

图 8-12　　　　　　　图 8-13
2001 中国澳门　　　　1957 中国台湾
《成语故事·孟母三迁》《伟大的母教·孟母教贤》

母亲找的新房子恰好坐落在闹市口，一天从早到晚杀猪声、打铁声、小贩的吆喝声，声声入耳。小孟轲瞅个机会就跑了出去，和街头的小孩子们一起混闹。为了能让孩子静下心好好读书，母亲又托人在城东的学宫对门找了间新房子，重新安了家。

新家的读书环境果然不一般，学宫里传来的琅琅书声让小孟轲颇为神往。他不但踏踏实实地读书了，有空儿时还会跑到学宫门口向里张望，瞧一瞧里面的学生是怎样读书的，看一看他们又是怎么跟着老师演习周礼。经过耳濡目染的小孟子，回到家里也会比划一番。一天，他正在家里照猫画虎地磕头跪拜，不想给母亲撞见了。知道儿子是在学着演习周礼呢，孟母真是从心里高兴啊，赶紧把他送进学宫去读书。

孟轲也给母亲争气，通过系统地学习《诗》、《书》等儒家经典，不仅继承而且还发挥了孔子的学说，成为人称"亚圣"的儒家第二领袖。

10．三娘教子

明朝年间，学士薛礼奉命披挂出征，不想一去几年竟杳无音讯，家人都以为他战死沙场了。

那年月，家里没了男人也就没了顶梁柱，薛家眼瞅着就衰落了。薛礼的大老婆张夫人收拾了细软，改嫁进了朱门；二老婆李夫人见了，也丢下五岁的儿子英哥，另寻高枝去了。坚贞如雪的三夫人王春娥坚信丈夫一定还活着，面对富贵的诱惑誓不改嫁，含辛茹苦独自抚养着与之相依为命的英哥，过着日子一天难似一天的清贫生活。

图 8-14　2008-2
《三娘教子》

英哥八岁了，春娥把他送进了学堂。刚进学堂那会儿，英哥还有一股新鲜劲，读书也不用春娥操心。可时间一长，日复一日枯燥的读书背书，让还不懂事的英哥厌烦起来。这天还没放学，英哥就偷偷溜了回来，正织布的春娥见他回来这么早，不免起了疑心："你这么早回家，不会是逃学了吧？""怎么会呢！今天先生有事，提前放学了，春娥不信，便让他把今天学的书背上一段。"

英哥一听让自己背书，一下就慌了，怯怯地说："三娘，您是让我背个开头儿，还是只背结尾？要是从头背，一天也背不完；要是只背结尾，一会儿就能背完"。春娥这会儿全明白了，她拿起剪刀一下剪断了织机上的布，拉过吓呆了的英哥，指着断布语重心长地开导他："你看，这布是用一根根细纱纺成的，是咱们用来谋生的。学问也是一点点积累的，你今天不好好读书，就学不到真本事，长大以后凭什么养家呢？"

春娥的一番话深深打动了英哥。从此以后，不论是在家里还是去学堂，他都牢牢记着三娘的教诲发奋读书。就在英哥金榜题名的时候，官至兵部尚书的薛礼也荣归故里，一家人终于团圆了。

11. 磨杵成针

磨杵成针的故事，源自《潜确类书》。

祖籍陇西成纪（今甘肃静宁西南）的大诗人李白，5 岁时随父亲从生地中亚的碎叶（今吉尔吉斯斯坦托克马克附近），迁居到绵州昌隆（今四川江油）定居下来，并由此开始了他的读书生涯。

小李白天资聪颖，10 岁时已读了不少诗书。可他到底还是个孩子，再加上经商的父亲赚了好多钱，让无忧无虑的小李白养成贪玩的坏习惯，以致读书的时候总也不安心，每时每刻都在惦记着外面的精彩世界。

有一天，读书读得心烦的小李白又扔下书本，偷偷地跑出去闲逛。他在大街上漫无目的地走着，无意间看见一位老奶奶坐在家门口，在一块磨石上慢慢地磨一根粗大的铁棒。好奇的小李白跑过去，想问个明白。

"老奶奶，您磨这铁棒做什么呀？"老奶奶抬头看了看小李白，一边不停地磨着一边不紧不慢地说："我想把它磨成一根绣花针哪"。小李白听了，非常惊讶："什么！这么粗的铁棒，能磨成绣花针么？"老奶奶笑了笑："怎么不能。我不停地磨，总会磨成的。你看，它比原来细多了"。

图 8-15　1980
中国台湾《中国民间
故事·磨杵成针》

老奶奶锲而不舍的精神，深深打动了小李白的心。他从此以后，再也不逃学了。

12."咕咚"来了

在茂密的大森林里，有一个不大也不小的湖泊，环湖生长着许多高大的木瓜树，上面结满黄澄澄的木瓜。

一天中午，万籁寂静，一个熟透的木瓜从树上掉下来，"咕咚"一声落在了水面平滑如镜的湖里。突如其来的声响惊着了正在湖畔玩耍的兔子，吓的它拔腿就往林子里跑。

猴子见了，好奇地问："兔子，你跑什么呀？"兔子一边跑，一边慌里慌张地答道："不好了！'咕咚'来了"。猴子一听，赶紧追上兔子，一块跑了。狐狸见了，好奇地问："猴子，你们跑什么呀？"猴子一边跑，一边慌里慌张地答道："不好了！'咕咚'来了"。狐狸一听，赶紧追上它们，也一块跑了。……到后来，狼、野猪、老虎和大象，都没头没脑地跟着跑起来。

狮子见大家呼哧带喘拼命地跑着，感到非常的怪异，便上前拦住它们，问："唉，你们跑什么呀？"惊魂未定的大家见是狮子，才稍稍放下心来，异口同声地说："是'咕咚'来了"。"'咕咚'！'咕咚'是谁？"狮子这一问，还真把大家给问住了。是啊，"咕咚"是谁。一个一个地问下去，最后问到了兔子，可没见过"咕咚"的兔子怎能说得清呢。

图8-16　T51《童话——"咕咚"》

"别慌"，狮子有点明白了，"咱们先去看看'咕咚'到底是个什么，然后再做打算也不迟"。大家在狮子的率领下回到了湖畔，刚好又有一个熟透的木瓜从树上掉下来，"咕咚"一声落在了湖里。原来"咕咚"是个木瓜啊。大家你看看我，我看看你，都不好意思地笑了。

13. 鲤跃龙门

小鲤鱼跳龙门的故事，是一则流传久远的童话。

黄河自壶口咆哮而下，流到峭壁夹峙、形如门阙的龙门。住在黄河的鲤鱼，听说龙门那边的风光美极了，都想去看个究竟。大家聚在一起商量一番，便结伴从孟津出发了。

一路上，鲤鱼们穿洛水，过伊河，不久就到了水势汹汹、声震山野的龙门水溅口。可是龙门山没有鲤鱼走的水道，过不去怎么办？这时，一条金色的大鲤鱼提议说：大家可以试试跳过去。话音未落，反对的声音就压过来，说万一有个闪失，会摔死的。有的鲤鱼还打起了退堂鼓，掉头准备回去。"要是不冒险一试，就永远看不到龙门那边迷人的风光"，这样想着，金色的大鲤鱼对同伴们说：自己愿意去试跳一下。

只见金色的大鲤鱼先后退了半里地，然后运足全身的气力，像脱弦的箭一样向龙门冲来。眼看就要撞到龙门了，说时迟，那时快，金色的大鲤鱼纵身一跃，一下子就腾到半空里。一团火追上来，烧着了它漂亮的大尾巴。金色的大鲤鱼忍着痛，和天上的云彩一起奋力往前飞，终于

图 8-17　2000-15《小鲤鱼跳龙门》

图 9-2 T90《甲子年》

图 9-3 1996-1《丙子年》

图 9-4 2008-1《戊子年》

日官。选谁好呢？为公平起见，黄帝决定搞个比赛，谁跑得快就选谁。号令一响，比赛开始了，只见牛跑得最快。不想快到头儿时，早就趴在牛背上的老鼠一蹦，抢先过了终点，得了第一名，值头班。另一种说法是玉皇大帝选了十二种动物做生肖，见牛个头最大，说：你们中间牛最大，就让它坐生肖的头把交椅吧。不想，小小的老鼠不干了，称自己在人们的心目中比牛还大。玉皇大帝自然是不信的，便叫它们去人间转上一转。人们看见牛，都说这牛真壮真肥啊。话音未落，老鼠突然跳到牛背上，还用两条后腿直立起来，人们果然惊呼道：呀！老鼠可真大。就这样，老鼠做了第一生肖。

子时是阴阳相交之际，天地万物一片混沌。传说我们今天所见的光明，还是活跃在夜色中的老鼠咬破黑暗引来的。清刘献廷在《广阳杂记》里写道："天开于子，不耗则其气不开。鼠，耗虫也，于是，夜尚未央，正鼠得令之候，故子属鼠"。因为老鼠消耗了混沌之气，才有了"耗子"的别名。尽管如此，人们在日常生活中对破坏力极大的老鼠，还是欲灭之而后快的。清王有光的讨鼠檄文称："且以猪为末，犹可言也，以鼠为头，其谁服之。夫以龙之神灵，虎之威猛，风雨拥卫之物，乃颓乎中间，虽驾猪之上，已屈鼠之下矣，其不悖哉！"恨不得将其从十二生肖中除名才好。

2. 丑牛

屈居鼠辈之后排在十二生肖第二位的牛，在《说文》中是"大牲也"。"丑"是有所行动、正待耕耘之时，其意为草木在土中发芽，屈曲着将要冒出

地面。牛通常是凌晨耕作的，而此时正是其反刍之时，故丑时于十二生肖中属牛，居于东北方，为艮卦，时当十二月，为大寒之月。

图9-5 T102
《乙丑年》

对牛的崇拜在我国是源远流长的。因为在农耕信仰中，牛是有通天的神秘力量的，所以常用做祭祀的牺牲，列为三牲之一。《史记·天官书》就说："牵牛，为牺牲"。西周时，牛开始广泛地用于耕地，《史记·陈杞世家》记载："牵牛径人田，田主夺之牛"。牛耕的出现，使牛的潜力得到最大的挖掘，其默默无闻劳作的崇高形象，渐渐树立在国人的心目中。

图9-6 1997-1《丁丑年》

牛还曾是战场上冲锋陷阵的主角，《史记·田单列传》就记述了"火牛阵"的故事：为收复齐国的失地，田单征来上千头牛，令兵士们在牛身上裹上红布，牛角绑以利刃。趁夜半时分点燃系于牛尾的浸油苇草，让疯狂的牛群潮水般奔向燕国军营，杀得燕军丢盔弃甲。齐军则紧随其后乘势追击，一举收复七十余座城池。

图9-7 2009-1《己丑年》

在漫长的历史岁月里，我国一向以农立国，对鞠躬尽瘁的耕牛是礼遇有加的。为保护耕牛的繁衍和生长，还附会出牛能通神、具有神格的说法。流行在民间的《牛歌》，是这样歌唱它的，"惜衣方有衣服穿，爱牛才有五谷收，奉劝世人惜耕牛，人畜两旺乐悠悠"。

3. 寅虎

虎，居十二生肖第三位。如果细细观之，"寅"字还真像一只扑面而来的

图9-8 T107《丙寅年》

图9-9 1998-1《戊寅年》

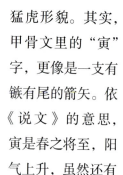

猛虎形貌。其实，甲骨文里的"寅"字，更像是一支有镞有尾的箭矢。依《说文》的意思，寅是春之将至，阳气上升，虽然还有阻碍，却一定会破土而出的。以其配虎，恰好表明虎的阳刚之气威不可挫。"寅"于十二生肖属虎，与五方相配为东北，时值正月，正当早春之前朝，为大地未苏、万物未醒之时。

图9-10 2010-1《庚寅年》

虎是天意所命的兽中之王，我们的祖先在与虎的长期生死搏斗中，逐渐认识到虎是难以战胜的，遂由敬畏转为崇拜，把自己当作虎或虎的后裔，希冀由此得到虎的保佑。就这样，虎成了古老先民们的图腾。对此，《管子·形势解》有详尽的说明："虎豹，兽之猛者也，居深林广泽之中，则人畏其威而载之。人主，天下之有势者也，深居则人畏其势。故虎豹去其幽而近于人，则人得之而扬其威。人主去其门而迫于民，则民轻之而傲其势。故曰：虎豹托幽而威可载也"。

威猛雄健的虎是民间阳刚的象征，常常用来做镇邪的门神或镇宅的守护神。在神话古籍《山海经》里，有"恶害之鬼，执以苇索而以食虎"的记载。在其图谱上，英招神还被画成了长有翅膀的虎，潜隐着上古虎图腾崇拜的幽深含义。不过，随着时间的推移，虎作为人们恐惧有余而神秘不足的真实存在，其形象经民间智慧的再创造，已完全去除了凶残暴戾的一面，变成憨态可掬的吉祥物。在用雕刻、绘画、刺绣、印染、织锦、服饰、剪纸、玩具等民间艺术经营出的造虎天地里，充满活力的虎俨然是人们的好伙伴了。

4. 卯兔

　　兔与"卯"相配，位列十二生肖第四。"卯"的甲骨文，是物体被分成两半的象形，本意为分割或分开。《说文》认为"卯"是阳气从地中冒出，代表二月。又因"卯"有开门之意，故二月也称开门。尽管卯时正值百姓开启门户外出劳作之际，玉兔也在为捣药而忙，但太阳并未升起，于是卯时就属兔了。

　　说起玉兔捣药，大概在所有关于兔子的神话传说中，是最富有诗意的。最早以文字形式记录月中有兔的，是屈原的《天问》，但其传说当在此前。相传在远古时，太阳里有乌金，而月亮中有玉兔，以致千载而下，玉兔成了月亮的代名词。就是在科学昌明的今天，朗朗明月，皎皎玉兔，仍在激发着人们瑰丽的想象和美妙的情感。

　　那么，温柔活泼的兔子是怎样当上第四属相的呢？虽然说法不一，却都与赛跑有些关系。其一说的是在排列十二生肖时，老鼠和牛得了头两名，引发了龙虎的不满。天神没有办法，只好封龙做海中之王，封虎为山中之王，才平息了这场风波。不想，继续排列十二生肖的时候，兔子又跳出来，说："我本山中之王的护卫，应排在海中之王的前面"。龙听了自然不高兴。天神见相持不下，便提议以赛跑定排名，赢者在先。比赛刚开始，在天上腾云驾雾的龙，就被长在半空里的野藤缠住双角不得脱身，只能眼睁睁地看着地上的兔子，一蹦一跳地跑了。

　　其二是说兔子和黄牛做好朋友。一天，兔子向黄牛吹嘘自己是动物里天生的长跑冠军，随后又以不屑的口吻，给黄牛下了一个"跑不快"的结论。

图 9-11　T112《丁卯年》

图 9-12　1999-1《己卯年》

图 9-13　2011-1《辛卯年》

黄牛听了，心里特别难受，就天天练习长跑。功夫儿不负有心人，黄牛终于练就了四蹄如飞的铁脚板。排属相那天，候选的动物都来参加赛跑，预备竞争名额有限的生肖。一开始，兔子确实是跑在前面的，只是快到终点时，见其他动物仍是无影无踪的，便得意忘形地睡起了大觉。等睡醒了紧赶猛追，才得了第四，算是有了个安慰奖。

5. 辰龙

图 9-14　T124
《戊辰年》

与"辰"相配的龙，在十二生肖中列第五位。"辰"的本意是蚌镰，今天所表示的意思，已是时光或日子了。辰时是太阳光热增强之时，据说正是群龙行西的时刻，也是神龙行雨的好时光，故"辰"为阳支，与五行相配属土，位居东南，于十二生肖属龙。此时红日冉冉高升，恰好暗合了龙腾之义。

在十二生肖里，龙是唯一非现实存在的动物。《说文》载："龙，鳞虫之长，能幽能明，能细能巨，能短能长，春分而登天，秋分而潜渊"。《论衡·无形篇》也说："龙之为虫，一存一亡，一断一长；龙之为性也，变化斯须，辄复非常"。作为威力强大、气度非凡的神异生物，龙是集合了众多动物的特征后人为合成的，《尔雅翼》描述了龙的九似："角似鹿，头似驼，眼似兔，颈似蛇，腹似蜃，鳞似鲤，爪似鹰，掌似虎，耳似牛"。其实，龙的模样在很早以前是不复杂的，大多是蛇形。今天的龙形，一般认为是在明朝成熟起来的。

存在于虚无缥缈、变幻莫测印象中的龙，被我们的祖先赋予无所不能的本领和至高无

图 9-15　2000-1
《庚辰年》

图 9-16　2012-1《壬辰年》

上的声威后，成为中华民族顶礼膜拜的图腾。《左传·昭公十七年》载："太皞氏以龙纪，故为龙师而龙名"。按照《说文》中"万物之精，上为列星"之说，龙与星还有不解之缘呢。因为古人把苍龙七宿称作龙星，其中"角"是龙头，"亢"是龙颈，"氐"是龙胸，"房"是龙腹，"心"是龙心，"尾"、"箕"是龙尾。

伴随着文明的进步，龙又从图腾逐渐演化为雷神、雨神、虹神、星神等自然之神以及帝王的化身，继续被人们崇拜着。时间之长，范围之广，人数之众，为世所罕见。

6. 巳蛇

充满着神秘诡异色彩的蛇，与"巳"相配居十二生肖的第六位。"巳"在甲骨文中形似幼儿，本意也是身体蜷曲尚未出生的胎儿。现今的"巳"字，也像是一条回旋曲折的蛇形。巳时的太阳虽然光热已经很强了，但作为冷血动物的蛇，却只能盘伏于阴凉之处，不会爬行上路伤人的，故巳时属蛇。

图 9-17 T133
《己巳年》

在我们祖先的眼中，蛇是充满智慧与难解奥秘的奇异矛盾体，以致成为巫术的重要角色，真实地反映出人们内心深处对蛇的惊惧。东汉许慎在《说文解字》中讲："它，虫也，从虫而长，象冤曲垂尾形。上古草居患它，故相问：'无它乎？'凡它之属皆从它。蛇，它或从虫"。意思是上古时的人们见面，相互间的问候语是"无蛇吗"，和今天我们打招呼时说"吃了吗"是一样的。

这种畏蛇的心理，后来渐渐地转变为对蛇避邪禳灾的崇拜。在民间，梦见蛇是被视为吉兆的。由此，又导致人蛇合一神话的出现。《广博物志》卷九引三国徐整《五运历年纪》说："盘古之君，龙首蛇身"。王逸的《天问集

图 9-18 2001-2
《辛巳年》

图9-19　2013-1《癸巳年》

注》也有"人祖"女娲是"人头蛇身，一日七十化"的记述。

蛇可以说是龙的原型之一，因为龙的身躯就是蛇。汉高祖刘邦于秦末率众起义，在芒砀山荒草淹没的野径，突遇一条白色的大蛇拦路而卧。就在众人惊魂未定的时候，只见刘邦抢步上前，用剑将蛇斩做两段。传说这蛇就是人间的龙，刘邦正是借了它的光做了皇帝，而蛇也因沾了龙的仙气，一跃而为十二生肖尊贵的一员。

7. 午马

马与"午"相配，位居十二生肖第七。甲骨文中的"午"，像是丝线叠压而成的辫子形状，并以丝与丝之间纵横相连而交的形象，表示交叉、违反之意。今体之"午"因具"生"之形，体现的是生命之中即将脱离孱弱体态，正

图9-20　T146
《庚午年》

要出头露面的关键的交午时刻。午时阳气极盛，阴气始生。"午"，八卦中在离位，五行属火，为阳，位居南方，故午时属马。

古人对任重、善走的马的认识，是与阴阳五行有关的。《春秋纬说题词》曰："地精为马，十二月为生，应阴纪阳，以合功，故人驾马，任重道远以利天下。月度疾，故马善走"。可是，对马属阴还是属阳这一问题，古人似乎又是矛盾的。《易经》就以马合天、阳相对，乾卦"天行健，君子以自强不息"，来突出马的奔放、昂扬的豪迈性格和超脱、不羁的无畏精神。细究起来，大概是马在驯化后，与男性的关系日趋密切，成为生死与共的伙伴的缘故吧。

图9-21　2002-1《壬午年》

"马者，甲兵之本，国之大用"。所以，只要谈到马，映入人们脑海的一定是万马奔腾的战场。刚健勇武的马是战争的宠儿，《说文》载："马，怒也，武也"，中国古代历次大小战争，每一次都离不开马的参与。唐卢照邻有《紫骝马》诗："骝马照金鞍，转战入皋兰。塞门风稍急，长城水正寒。雪暗鸣珂重，山长喷玉堆。不辞横绝漠，流血几时干"。以雄浑的气势，写出战马的勇猛和将士的顽强。

因为爱马宠马，马在国人的心目中，逐渐成了与龙混二为一、相提并论的神物。《礼记·月令》说："马八尺以上为龙"。《吕氏春秋》中也有类似的说法，即"马之美者，青龙之匹"。之所以如此，与原始人的图腾崇拜不无关系。像同属东方苍龙七宿的房、心二宿，就是并称"辰马"，也就是"龙马"的。

8. 未羊

与"未"相配的羊，在十二生肖中位列第八。"未"的甲骨文像树木枝叶重叠、繁茂兴盛之形，意味着收获，故而"未"即"味也"。据说羊在未时采食并不影响草木的生长，所以未时属羊。

"羊"与"祥"是相通的，《说文》中说："羊，祥也"，而"示"乃"神事也"。因此，早在上古时代，羊就作为吉祥的象征物，成为人们祭祀时最常用的牺牲品。所谓的"六畜"、"五牲"、"三牲"，羊都占一席之地的。

图9-22 T159
《辛未年》

世间的动物，恐怕没有谁能像羊那样，被人们赋予如此多的美德。汉董仲舒在《春秋繁露·执贽》中是这样赞美羊的："羔有角而不任，设备而不用，类好仁者；执之不鸣，杀之不啼，类死义者；羔食于其母，必跪而

图9-23 2003-1《癸未年》

受之，类知礼者。故羊之为言犹祥也"。真正是集美、善、仁、义、礼于一身。不仅如此，美与善的本意也与羊密切相关。据《说文解字》载："美，甘也。从羊，从大。羊在六畜主给膳也。美与善同意"。

因为"羊"、"阳"同音之故，古人便把羊崇拜与太阳崇拜合二为一了，羊神由此就成了太阳神。《周易》里讲正月为泰卦，三阳生于下，后世以"三阳开泰"来称颂岁首，寓吉祥、平安之意。在民间，人们多将"三阳开泰"写成"三阳开泰"，直接用羊来表达国泰民安的美好祝愿。

羊是和平、吉祥、善良、美好、知仁、知义、知礼的化身，以致茫茫草原、悠悠牧歌，成为一幅甘苦自知的人生风情画。在《诗经·王风·君子于役》中，有"日之夕矣，羊牛下来。君子于役，如之何勿思？"的感人话语。民族英雄文天祥曾作过一首《咏羊》诗："长髯主簿有佳名，颖首柔毛似雪明。牵引驾车如卫玠，叱叫起石羡初平。出都不失成君义，跪乳能知报母恩。千载匈奴多牧养，坚持苦节汉苏卿"。诗末的汉苏卿，是被匈奴单于流放北海，持节牧羊十九载的苏武。其身处异乡而心向故国的感人行为，已成为爱国守志、忠贞不屈的象征。

9．申猴

与"申"相配的猴，在十二生肖中排在第九位。"九"在我国是一个颇具神秘色彩的数字。因为古人视奇数为阳、偶数为阴，而作为阳数之最的"九"，又是与"久"同音的，所以旧时凡与皇权有关的事物，就多用"九"或"九"的倍数来表示。足见猴在人们心目中的地位有多重要。在甲骨文里，"申"字像是闪电光耀曲折之形，本意当为闪电。今之"申"字上通于天，下达于地，无所不至，是伸展无限

图9-24 T46《庚申年》　　图9-25　1992-1《壬申年》

之象。其时日光不明，阴气渐生，属一日之中的阳中之阴。

图9-26　2004-1《甲申年》

人们虽然早就认识了猴，但"猴"字却迟至战国才出现，而且是本做"侯"的。"侯"之原意是观望，这是因为人们在猎猴时，尽管已在机关里放置了诱捕之食，但生性聪颖的猴却恐其有诈，要蹲在树上观望良久，待人离去后再取而食之，故称其为"侯"，为"善于侯者也"。

古人视猿、猴为同类，但也做了区别对待。《雅俗稽言》就说："猿似猴而大，雄者善啸"；"无通臂者为猴，性与猿每相反"。认为猿更接近于人，而猴则接近于兽，以致猴在流落市井街头供人嬉戏时，还被彬彬有礼的君子蔑视为阿谀奉承、全无风骨之辈。不过，猴的机灵多智是不能否认的。传说唐代宗大历年间（766—779），在古田县的一个小山村，村民将一群猴子围在树林里。眼看性命不保，忽见一只老猴奋力突出重围，跑进村里一户人家，以灶中余火焚屋，害得村民急急忙忙地跑回去救火，谁还顾得上猴子。看来，"围魏救赵"的计谋，猴子也是略知一二的。

明沈得符在《万历野获编》中，还记过这样一件异事：说戚继光在浙江抗倭时，士兵们每日都要操练"鸟铳火鼠之术"，山里的猴子看多了，竟然学会了。一天，大批的倭寇来犯，戚继光便假装败退，为诱敌深入，一路上还丢了一些火器。不想，这些火器给猴子先捡到了，它们见追来的倭寇披发跣足的模样，以为是异类，就用自学来的"鸟铳火鼠之术"，打的倭寇哇哇乱叫。戚家军趁势杀出，大获全胜。

由于"猴"、"侯"意同音通的缘故，猴子的形象便有了封侯之意，成了传统吉祥图画中的主角。一只猴子正爬上枫树去挂印，就寓意着"封侯挂印"；要是两只猴子攀于松树，而且小猴还骑在大猴的背上，那肯定是"辈辈封侯"；如果有一只猴子骑在马上，旁边还飞着蜜蜂的话，一定离"马上封侯"不远了。

YOUPIAO TUSHUO ZHONGGUO GUSHI YU CHUANSHUO

10. 酉鸡

与"酉"相配的鸡，排在十二生肖的第十位。甲骨文中的"酉"字为酒樽之形，本意就是酒器。今体的"酉"从"西"从"一"，而"西"在甲骨文中是鸟巢的象形，寓意夕阳西下，倦鸟归巢。用于纪时，酉方位在西。鸡在傍晚时分要归窝，于是酉时属鸡。

"名参十二属，花入羽毛深"。鸡是十二生肖唯一的禽类，其地位是非常显赫的。可是，为什么是鸡而不是其他呢？原来，号称百鸟之王的凤，便是以鸡

图 9-27 T58
《辛酉年》

为基本造型，再巧添装饰夸张而成。从凤瑰丽的羽裳，能看到五彩公鸡或山鸡华美的影子。《刘子新论》称："楚之凤凰，乃是山鸡"。《太平御览》也录有"黄帝之时，以凤为鸡"的记述。由此，鸡与凤一样，有了辟邪逐妖的功能和吉祥如意的寓意。

在十二生肖里，能够充当镇邪门神的，只有虎、鸡二属相，而且鸡还大有后来居上之势，风头压过了老虎。在民间，许多地方都有正月初一绘鸡门饰，作为辟邪神物贴于门窗的风俗。南朝《荆楚岁时记》载："（正月初一）帖画鸡户上，悬苇索于其上，插桃符其旁，百鬼畏之"。晋郭璞在《玄中记》里，对度朔山神话进行了有益的改编。称桃都山上有大树"桃都"，一只雄鸡高踞其上："日初出，光照此木，天鸡即鸣，群鸡皆随之鸣"。如此这般，是因为鸡鸣唤来了太阳，光明一到，夜间活跃的众鬼只好逃之夭夭。鸡不畏剧毒啄食蛇蝎，也为它增添了驱鬼镇恶的神秘色彩。

图 9-28 1993-1
《癸酉年》

图 9-29 2005-1
《乙酉年》

除了张贴门画，有些地方

的风俗是在门窗上贴"酉"字，这缘于生于酉时又名"酉"的姜子牙。姜子牙封神后，深为神、鬼敬畏，以致"姜太公在此，诸神让位"。所以"酉"字一贴，便有"姜太公在此"之意。再加上"酉"与"有"同音，"鸡"与"吉"也是同音，"酉鸡"就变成"有吉"了。这样，张贴鸡画和"酉"字，也就一能辟邪，二可祈福了。

在国人的心目中，鸡堪称德禽，《韩诗外传》对此是有详解的，"首戴冠者文也，足搏距者武也，敌在前敢斗者勇也，见食相告仁也，守夜不失时信也"。以上描述对鸡而言虽是生理上的巧合，但在人而言就是至善的美德，令人顿生由衷的敬意。

11. 戌狗

与"戌"相配的狗，位列十二生肖第十一。"戌"的甲骨文像古兵器形，为斧钺之属，本意即为兵器。戌属土，在月份上代表九月，这时阳气微弱，万物都已成熟，阳气向下进入地中。天色已晚，狗开始看门守夜，故戌时属狗。

狗生性机警，勇猛好斗。对我们而言，狗既是狩猎擒敌的助手，又是重情守职的朋友。关于其忠诚义勇的故事，可以说是不胜枚举。据《述异记》记载：魏晋时，身居京师的文士陆机，养了一只特别善解人意的狗，名叫黄耳。一次，陆机有紧急之事要通报家人，一时又找不到可以信赖的信使，只好把信绑在黄耳的后腿上，嘱咐道："黄耳啊，我把信交给你了，帮我送回家。别忘记带了回信再回来"。说完拍拍它的脑袋，送它上路了。两个月过去了，忧心如焚的陆机终于盼回了黄耳。待他匆匆读过回信，才发现憔悴的黄耳因劳累过度，已在脚下力竭而亡。

图 9-30　T70《壬戌年》

图 9-31　1994-1《甲戌年》

图 9-36　1992 年中国台湾发行的第二轮生肖邮票小全张

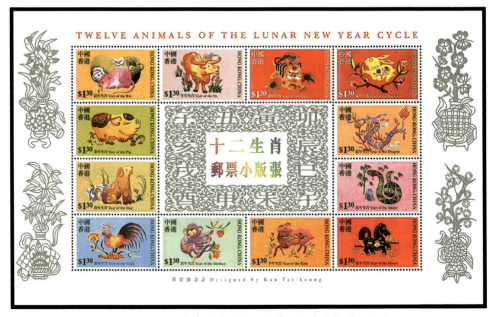

图 9-37　1999 年中国香港发行的第二轮生肖邮票小全张

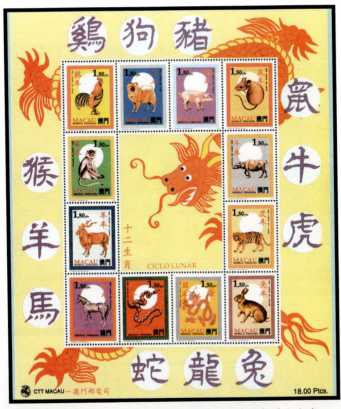

图 9-38　1995 年中国澳门发行的第一轮生肖邮票小全张

图 9-39　2006 年美国发行的第一轮生肖邮票小全张

图 9-40　1972 年蒙古发行的十二生肖图与航天器邮票小全张

图 9-41　2013 年列支敦士登发行的蛇年生肖激光镂空邮票小全张

十

风物传说故事

古迹是我们的先人用自己的智慧和双手，在利用自然和改造自然的过程中，遗存在祖国大地上的一切不可移动的文物，其外在形式大多是或有研究价值或有纪念意义的典型建筑。从巍峨的宫殿、肃穆的皇陵、庄严的祭坛、静谧的佛寺、高耸的宝塔……到卧波的长桥、幽雅的苑囿、奔腾的灌渠、朴实的乡村、湮没的故城……几乎无所不包。这些形式多样的文化载体，作为中华文化遗产不可或缺的重要组成部分，堪称是凝结的音乐和固体的诗篇。千百年来，人们将具有鲜明时代特色的，真实发生或臆想虚构的动人故事，有意无意地附会在它们身上。

1．天安门

明燕王朱棣在抢了侄子建文帝的皇位后，总觉得南京这地方杀人太多，阴气有点重，实在不是久留之地。他做出决定：回自己的"龙兴之地"北平去。朱棣一拍脑门，北平变成了一个大工地。到永乐十八年在元大都基础上重新规划、建造的北京城落成了。

有城一定有门，天安门（原来叫承天门）就是皇城的正门。当时的承天

图 10-1 特 15
《首都名胜·天安门》

图 10-2 普 7、普 9
《天安门》

门虽贵为皇城正门，却不过是一座四面透风的黄瓦飞檐五间楼的木牌坊，远没有今天的气派。后来承天门两次失火，烧掉了。清顺治皇帝下圣旨重修承天门，待完工的时候，顺治特地给这座坐北朝南、城台五阙、重楼九楹的皇城正门起了个新名——天安门。既含有皇帝是替天行使权力，理应万世至尊之意；又有外安内和，长治久安之寓意。

作为皇朝承天命、敬天地的重要场所之一，天安门自然而然地成了明清两朝帝王"金凤颁诏"之地。传说届时奉诏官手捧诏书，郑重地置于一个名叫"朵云"的镀金雕花木盘里，趋步来到天安门城楼垛口正中的"金凤"前，将诏书用彩绳悬系在"金凤"口中徐徐而下，以示天子之命是由金凤凰乘着云朵，自天上降临至人间的。要是"登极诏"就是在新皇帝登基的前一天，将其继位的原因和日期宣告全国；要是"颁恩诏"就是把喜庆之事广而告之了。当清王朝最后一次"金凤颁诏"——《清帝退位诏书》从天安门上无可奈何地飘落下来时，中国两千多年的封建帝制也随风而去了。

2. 石狮子

号称"百兽之王"的狮子，是完完全全的进口货。东汉年间，安息国（今伊朗）的国王将狮子不远万里赠献过来。狮子到了中国，人们见其凶猛、威武的样子，便被视做神圣与吉祥的象征了，以致旧时重要建筑的大门两旁，都要摆上一对威震四方、唯我独尊的石狮子。

图 10-3　普6《石狮子》，
1988-20《故宫太和殿》

天安门是皇城的正门，蹲踞于此的汉白玉石狮子不只是一对，而是在金水桥南北各有一双。和所有石狮子的摆法一样，天安门前的石狮子也是左边的雄狮正在用右爪玩弄着一只绣球，而右边的雌狮则用左爪逗耍着顽皮的幼狮。不知您发现了没有，金水桥南面的那对石狮子，肚子上都有一个深约寸许的枪伤。这是怎么回事儿？原来，明末的时候，闯王李自成的队伍势如破竹，一口气打到了北京城下，吓得守城大将李国祯一溜烟地不知跑到哪里去了。闯王托枪驱马进了正阳门，一路无阻地穿过棋盘街，经大明门来到承天门，在这对石狮子前停下来。这两只石狮子一个头朝东歪着，眼睛却向西瞧的；另一个则是头朝西歪着，眼睛可是往东瞅的，似乎都在目不转睛地盯着中间这段路。

就在大家伙要向承天门进发的时候，一个卫兵大叫起来："闯王小心，东边的狮子动了！"其实，闯王早就看出了端倪，说时迟，那时快，只见他催马挺枪，一枪刺去就在石狮子的肚子上扎出一个坑。火星四爆之际，恍惚间一个黑影直奔西边那只石狮子。闯王悄悄转过来，突然间又是一枪，这只石狮子的肚子上也给扎出了一个坑。这会儿功夫，围上来的士兵已经把躲在石狮子后面的人给抓了过来，仔细一看不是别人，正是不战而逃的李国祯。

满清入关后，有人要把这对带有枪伤的石狮子换下来，让顺治帝以警示为由给制止了。旧时曾有传说，每逢下雨的时候，这永不愈合的枪伤便会流出殷红的血水，把汉白玉的石座都染红了。

3. 华表

华表原是木制的立柱，称"诽谤木"，原来是获取民声用的，这在古籍中有案可稽。后来华表的外观越来越美了，有了石质的柱头、柱身和基座。原来的作用也完全丧失了，作为纯粹的艺术装饰，华表成了宫殿、陵寝等皇家建筑不可或缺的重要组成部分。

我国现存最具代表性的华表，是位于天安门城楼前的一对。其实，在天安门城楼的后面，还有同样的一对，只是朝向相反而已。这两对华表是朱棣迁都北京时在修承天门的同时建起来的，已有500多年的历史了。在它们的承露盘上，各蹲有一只怪兽——犼。犼是龙生九子之一，有守望的习性。它微昂着头面向前方，故名"望天犼"。

图 10-4　《天安门》
个性化服务专用邮票

图10-5　2008-28《改革开放三十周年》

　　传说，天安门城楼前的"望天犼"，是专门注视帝王外出时的行径的。每当帝王久出不归、沉湎于荒淫享乐中，犼就说："国君啊，你不要长期在外面游逛了，快回来料理国事吧。我们两个犼盼你回来，眼睛都快望穿了"。人们给它俩儿起了个好听的名字——"望君归"。而天安门城楼后的"望天犼"，是专门关注帝王在深宫里的行为的。它们总是提醒着帝王，说："国君啊，你不要老是待在宫殿里和嫔妃们取乐，快出去看看百姓的疾苦吧。我们两个犼盼你出来，眼睛都快望穿了"。人们也给它俩儿起了个好听的名字——"望君出"。这则封建时代的传说，既表达了劳动者对自己亲手建造的精美华表的深厚感情，又流露出百姓对清明政治的朴素愿望以及对统治阶级的不满与失望。

4. 紫禁城

　　北京城中心位置上殿宇重重、楼阁层层的古建筑群，是融中国风情与东方格调于一体，世界现存规模最大的帝王宫阙——俗称大内的北京皇宫。从明成祖朱棣始至清逊帝溥仪止，共有十四位明皇和十位清帝，在这座前朝后寝、三朝五门、左祖右社、中轴对称的皇宫里，演绎了他们或长寿或短命，或英明或昏庸的人生。

图 10-6　J120《故宫博物院建院六十周年》

传说朱棣迁都北京的时候，总觉得自己是个皇上，住的宫殿一定要修得多一些，盖得大一点，要不怎么能显出天子的威风呢！

一天晚上，睡得迷迷糊糊的朱棣做了个怪梦。第二天早上醒来揉着眼睛，刚想传旨宣大军师刘伯温来解梦，不想刘伯温已经自己送上门来了："启奏万岁，臣昨夜做了一个梦。玉皇大帝知道您正在北京大兴土木修皇宫呢，就把臣召到凌霄殿，让我给皇上带个话，说是天宫的宝殿是一万间，凡间的

图 10-7　特 15
《首都名胜·太和殿》

宫殿万万不可超过天宫。还说只有请来三十六金刚、七十二地煞护卫凡间的宫殿，才能风调雨顺、国泰民安。听玉皇大帝这么一说，臣打了个机灵就醒了，赶紧前来禀报给皇上"。

朱棣一听，嘿，怎么和自己做的梦一模一样啊。看来是上天不想让我把动

静搞的太大，可就此罢手心又不甘，再说上哪儿去请三十六金刚、七十二地煞。怎么办呢？有了，刘伯温不是足智多谋吗，修皇宫这事儿就交给他了。朱棣随手抓过纸给刘伯温写了一道圣旨，明说了这新皇宫虽然在间数上不能超过一万间，但在规模上可得和天宫差不多才行。至于三十六金刚、七十二地煞什么的，你刘伯温自己想法子去。

刘伯温是个有办法的聪明人，领了圣旨没多久还真把皇宫修好了，金碧辉煌跟天宫似的，甭提多华贵了。前来验收的朱棣进宫头一件事就是满处乱窜，一间一间地数房子玩，数来数去都是九千九百九十九间半。哇，只比天宫少半间耶，可把他给高兴坏了。再一细瞅，摆在外面盛水的三十六口包金大缸，原来是刘伯温请来的三十六金刚，而七十二地煞则变成了七十二条水沟，躲在人们看不到的地方藏着呢。

皇宫修好了，叫个什么名字呢？朱棣想：我是天子，也就是上天玉皇大帝的儿子。既然老子住的天宫叫紫薇宫，那我住的皇宫干脆也叫紫薇宫吧。在中国古代星相学看来，紫薇星实际上就是位于中天的北斗星，所以才有"紫薇正中"之说，这也是朱棣把象征权力中心的皇宫，建在北京城正中的原因。皇帝住的紫薇宫自然是戒备森严的禁地，绝不是百姓随意出入的，如果不小心误入其间，那就"杖六十，徒一年"，"持寸刃入宫殿门内者，绞"。由此，紫薇宫便成了紫禁城。如今，历史给了我们自由出入紫禁城的幸运，因为它的名子已经是故宫了。

5. 角楼

图 10-8　2008-20
《故宫角楼》

北京最漂亮、最精致、最典雅的单体古建筑，非九梁十八柱七十二条脊的故宫角楼莫属。角楼雄踞紫禁城城墙四隅，平面呈十字曲尺形，楼身是用上等楠木搭成的。其三面出檐的楼顶，是十字交叉大脊歇山式的，上覆各种特制的异形黄色琉璃瓦件，中座鎏金大宝顶。角楼的特别之处，是它的三层檐计有 10 面山花、28 个窝角、28 个翼角、56 个屋顶坡面和 72 条屋脊。如此复杂精美的建筑造型，在全世界都无出其右者。

朱棣在修北京城的时候，派了一个亲信当管工大臣。这位管工大臣动身前，朱棣把他叫来交待道："你给我在紫禁城的四个犄角上，修上四个漂亮的角楼，要修成九梁十八柱七十二条脊的样子"。管工大臣还没反应过来，朱棣又说出一句让他不寒而栗的话："修不好杀你的头"。

九梁十八柱七十二条脊的角楼是个什么样子，谁都没见过，管工大臣绞尽脑汁也没想出个子丑寅卯来。可皇帝的话一出口便是金口玉言的圣旨，谁敢违抗啊。嘚勒，到北京再想辙吧。等到了北京就赶紧让手下把工头和木匠师傅找来，向他们讲了皇帝的旨意，叫大家伙在三个月的期限里，盖成这四个样子奇怪的角楼来。末了，管工大臣恶狠狠地警告："盖不成，皇帝自然要杀我的头。可是在皇帝没杀我之前，我就先把你们的头都杀了。当心你们的脑袋"！大家伙一听，心想：好，反正我们死了你也活不成。当然，谁都不敢说出来。回到工地一琢磨，盖这画都画不出来的角楼，从哪下手呢？梁怎么上？柱子怎么立？斗拱怎么安？真是一点着落没有。

一转眼，一个月就过去了。再一转眼，又一个月过去了。大家伙还是没有想出办法来，正是让人热的喘不上气来的三伏天，一位木匠师傅烦得坐也不是躺也不是，就上大街溜达去了。正低头走着，只听身后传来一声接一声的吆喝："买蝈蝈儿，听叫儿去，睡不着解闷去"。回头一看，原来是一位花白胡子老头，正挑着一担用高粱秫秸扎的蝈蝈笼子叫卖呢。木匠师傅见一个蝈蝈笼子细巧得跟画里的楼阁似的，里面的蝈蝈儿叫的正欢，便掏钱买了下来。

他提着这蝈蝈笼子回到工地上，工友们看他悠闲的样子，不由地怨道："大家伙都烦着呢，你怎么买了个吵人的玩意儿"。木匠师傅不好意思地说："睡不着解个闷，你们瞧……"他本想说"你们瞧这笼子多好看、多奇巧啊"。可话还没说到这，他就觉着手中的蝈蝈笼子有点特别，赶忙摆摆手："别嚷，别嚷。让我数数再说"。他把蝈蝈笼子上的梁啊、柱啊、脊啊，细细地数了一遍又一遍，"没错，这不是九梁十八柱七十二条脊是什么"。大家伙听了，也围拢过来高兴地数着，一边数还一边说："真是九梁十八柱七十二条脊的楼阁啊！

生之态大有呼之欲出之势，好像有了灵性似的。民国的唐鲁孙在《前清旧王孙南北看》一书中，讲了这么一件趣事儿：说是乾隆年间，西藏密宗高僧来给九龙壁开光，祥云满天缭绕之际，有个围观的人一不小心，把手帕丢向九龙壁，恰好盖在一条蟠龙的头上。刹那间，只见此龙的龙眼、龙须全都动起来了，一下子就把头上的手帕给抖了下去，惊得人们赶紧顶礼膜拜。

8. 颐和园

主体为万寿山和昆明湖的颐和园，是我国保存最完整也是规模最宏伟的皇家园林。她的前身，原是乾隆帝作为寿礼献给母亲的清漪园。

清漪园昔日美丽的湖光山色，曾给老佛爷慈禧太后带来过无尽的惬意和舒心，以致久久不能忘怀。老佛爷将清漪园改名为颐和园，一年里有大半年的日子，都是在颐和园里颐养天年的。刚住进来的时候瞅山瞧水都好奇，可日子久了就看什么也不新鲜了，后来连每天从乐寿堂去湖边的散步都懒得去了。从不知足的她心想：要是能在湖边再建点儿什么东西，让我走一步就看到一个景儿该多好。可究竟建什么，在哪儿建，其实她也没谱。

图 10-11　特 15《颐和园》

这天，郁闷的老佛爷由王公大臣们前呼后拥着，又去湖边散步了。一行人刚走到万寿山的山脚下，老天爷突然变了脸，豆大的雨点瞬间就砸了下来，太监李莲英一边慌忙上前撑开雨伞，一边暗中观察老佛爷的脸色。让他纳闷的是，老佛爷刚才还阴着的脸竟然在雨中转晴了，还慢悠悠地说："雨伞真好，既遮挡了风雨，又让我见到了另一番景致"。说话听声，锣鼓听音，李莲英心里全明白了，赶紧跑到海军衙门一阵嘀咕。很快，在万寿山南坡与昆明湖之间，就有了一条古柏夹道、移步易景的彩绘长廊。

图 10-12　普 20
《颐和园》

登临万寿山的制高点佛香阁，俯瞰风光旖旎的昆明湖，可见一玉带似的石拱桥，横跨在南湖岛与东堤之间。其美丽的倩影既烘托出昆明湖的浩瀚，又渲染了南湖岛的莫测，不愧为中国皇家园林最漂亮的古桥。

这座兼具北京卢沟桥与苏州宝带桥诸多特点，始建于清乾隆十五年（1750）的石拱桥，因有十七个石拱券的桥孔，才形象地称为十七孔桥的。为什么要建成十七孔的形式呢？细究起来，这应该是中国传统文化在造园艺术中的体现。古时候，我们的祖先是将一、三、五、七、九

图 10-13　2008-10《颐和园》

等奇数视为阳数；与之对应，二、四、六、八、十等偶数则为阴数。阳数中"九"是最大的一个，故为"阳极"，颇受封建帝王的崇拜，而十七孔桥便是根据这一理念来设计的。据说桥落成的时候，乾隆帝来视察造园工程，他来到桥上不论从哪边数，数到中间最高、最大的桥孔时，恰好都是九，正暗合他的崇"九"心理，不禁龙颜大悦，赞誉有加。

十七孔桥实在是太精美了，以致京城百姓不信它是凡人所为，竟一口咬定

其必是鲁班爷帮助修成的。话说清乾隆年间清漪园动工了，全园工程重中之重的十七孔桥，自然是圣上特别关注的对象。为让乾隆爷高兴，工部的官儿们先是绞尽脑汁想出了桥的模样，再从全国各地征来能工巧匠，叫他们按照图样只管甩开膀子干起来。不过有言在先：干好了，有赏。要是到时候交不了差，杀头。因为乾隆爷早就等着老妈生日时，亲自过来验收呢。

一天，大家正在忙碌着，工地上忽然来了一位蓬头垢面的老头儿。只见他肩上背着破工具箱，怀里抱着一块不起眼的石头，边走边吆喝："卖龙门石喽，只卖一百两银子"。一块石头卖一百两银子，别是个疯子吧。就这样，老头儿在工地上转了三天，也吆喝了三天，也没人搭理他。可能是自己觉着没趣了，第四天的工夫儿，老头儿便一声不吭地在不远处的一棵大槐树下，搭了个窝棚安顿下来。每天睡醒后就干一件事，用铁锤叮叮当当地凿那块破石头。附近村里的王大爷见他实在可怜，强拉硬拽地把他带到家里住下了。

这老头儿搬到王大爷家，衣食算是无忧了，可他还是一天到晚什么都不干，仍旧一锤一锤凿石头。不知不觉中，日子一天天地过去了。正好是一年的当口，老头儿早晨起来收拾好工具箱，来跟王大爷告别："我要走了。吃了你一年饭，住了你一年房，没什么能报答你的，就把这块石头留给你吧。等到节骨眼上，一百两银子都买不到"。话音未落，人已出了院子。这王大爷是个实诚人，接过石头也没多想，顺手往墙角一扔，就把它忘了。

再回过头来说修桥的事。工地上的师傅们紧赶慢赶，眼见着大桥就要合拢了，突然发现桥顶中间龙门处缺了一块谁也凿不好、砌不上的石头。这可把总管大人急坏了，不能按时完工，从他往下都得砍头，谁也跑不了。就在总管大人像热锅上的蚂蚁团团转的时候，一个老石匠猛地想起一年前来工地卖龙门石的老头儿，壮着胆子上前与总管大人一说，他也想起来了，连忙派人四处寻找。等在王大爷家的墙角找到老头儿留下的那块已凿好的石头，仔细丈量过尺寸，结果是长短厚薄竟丝毫不差，好像专为十七孔桥打磨的一样。总管大人边作揖边求王大爷把石头卖给他，说给多少银子都行。老实的王大爷说："那老头儿在我家吃住一年，您就给一年的饭钱吧"。早已乐得合不拢嘴的总管大人一听，丢下一百两银子，就叫人把石头取走了。

待工匠们把石头砌到桥顶中间龙门缺口处的时候，大家都惊呆了。只见这石头与缺口严丝合缝，不偏不斜正好把龙门合上了。那位提醒过总管大人的老石匠一下子就明白了，对大伙儿说："各位师傅们，这是鲁班爷下界搭救咱们来了。没有他，咱们今天可就都活不成了"。

十七孔桥如期落成了，鲁班爷帮助大家修桥的故事，也在北京传开了。

9. 天坛

占地比紫禁城大4倍的天坛，实际上是祭天的圜丘与祈谷两坛的合称。建在祈谷坛上的祈年殿是明清两朝皇帝每年正月十五祀"皇天上帝"之所，象征天圆思想的大殿外观和象征蓝天之意的蓝色的琉璃瓦，在此就不细表了。单说大殿里面柱子的数目，就是严格依照天象建立起来的。中央的四根通天柱，象征一年之中的春夏秋冬四季。中层有十二根金柱，象征一年中的十二个月。外层的十二根檐柱，象征一天中子丑寅卯……十二个时辰。中外两层柱子相加为二十四根，象征一年中的二十四个节令。三层柱子相加为二十八根，象征周天的二十八星宿。如果再加上柱顶的八根童柱，那么这三十六根柱子就象征三十六天罡了。宝顶

图 10-14　航1《航空邮票》

图 10-15　特15《首都名胜·天坛》

图 10-16　1997-18《天坛》

下的那根雷公柱虽与天象无关，却是皇帝"一统天下"的象征，意义更是不一般了。

祈年殿的地面是用大理石铺的，仔细端详正中那块石头上面的墨色纹理，竟是若隐若现的金龙和玉凤。金龙的纹理色深，角、须、爪一应俱全；而玉凤的纹理稍淡，但喙、眼、翅也是依稀可辨的。金龙不是在天上吗？怎么跑到地上来了。还真说对了，这条金龙原先是住在大殿藻井里的，日子久了便有了不知哪儿来的灵性，时不时就从藻井里飞下来，找地上的玉凤嬉耍一番。一天，它们正玩的热闹，不料皇帝来祭天正好跪在这块石头上行礼，把金龙玉凤全压在里面了，直到今天也没跑出来呢。

和祈年殿一样，供奉皇天上帝和祖先神主的皇穹宇，也是蓝琉璃瓦覆顶并以圆形为基础向外扩展的，只不过它是单檐的罢了。皇穹宇的神奇之处不在自身，而是石板甬道上由北而南俗称三音石的三块石板。站在第一块石板上，面向皇穹宇猛拍一掌，一声雄浑厚重的回响便迅疾传过来；转移到第二、第三块石板上依次拍下去，就会有两声、三声回响传来，好像"人间偶语，天闻若雷"一样。

说起来，这儿还有一个故事呢。传说乾隆帝重修了天坛，总想过来看个究竟。这天闲来无事，便换上一身百姓的衣服，叫上两个贴身侍卫跟着，从宫里溜出来直奔天坛。他们一行在天坛里转啊转，等走到皇穹宇的时候就有点累了，便依靠着西墙坐下来，想歇会儿再接着转。不想他们屁股刚落地，北墙那边就传来一声紧接一声的凄惨蛙鸣，吵的乾隆帝心烦意乱。既然没法歇着，去看看是怎么会事儿吧。

三人顺着声音来到北墙根，怪了！什么都没有。待转到东墙根，才发现原来是一条大蛇正在吞吃青蛙，已遭灭顶之灾的青蛙，虽然还求救似的鸣叫着，可声音已经越来越小了。乾隆帝见了，不禁生出恻隐之心，对侍卫说"你们赶紧把蛇打死，给我把青蛙救出来。唉，慢着，我先到西墙去避一避"。等乾隆帝到了西墙，侍卫就在东墙挥刀斩了大蛇。尽管他们离得很远，也看不太清楚，可乾隆帝却听得真真的，不禁喊了起来："奇哉！妙哉！这墙还没起名吧。朕赐它一个，就叫回音壁吧"。

听说乾隆帝要扩建圜丘坛，善于揣摩皇上心事的奸臣和珅，知道又有了取悦的机会，一溜烟就跑来了，建言道："圣上，古有天数之说，天为阳地为阴，奇为阳偶为阴，不知建坛用的大石板是否为阳数？"乾隆帝一听，和爱卿言之有理，当即招来干活的工头儿，张嘴便说："修祭天台要用阳数，九是阳数里最吉利的。从坛面到台阶用的石料，都应该是九或九的倍数才行。你回去画一张'九九祭坛图'，三天后送来给我看，到时拿不来甭怪朕翻脸"。

工头儿领旨回到工地，找来手下的能工巧匠一说，谁都画不出来"九九祭坛图"。三天眨眼的工夫就过去了，就在脑袋等着挨刀的时候，一个衣衫褴褛、骨瘦如柴的小叫花子，要饭要到工地来了。极度绝望中的工头儿见大限将至，身边的吃食也没用了，便一股脑全送给了他。小叫花子是真的饿坏了，拿过来就狼吞虎咽地猛吃起来，吃完连个"谢"字都不说，只是从衣服上撕下一块破布，抹了抹嘴往叫下一扔，走了。工头儿见小叫花子的行为挺怪异的，便好奇地捡起他扔下的那块破布，漫不经心地瞧了瞧，这一瞧不打紧，只见破布上除了一个"秦"字，还有一幅清晰的祭坛图样。工头儿心里一下就明白了：这是南宋数学家秦九韶大师显灵，派人来救咱来了。喜出望外的工头儿，赶紧照着破布上的祭坛图样，不一会儿就把乾隆帝要的"九九祭坛图"画好了敬呈上去。乾隆帝一看，不禁大喜道：朕要的圜丘坛就是这样的，赏！

就这样，在秦九韶大师的神助下，既符合几何原理又暗合天人感应的圜丘坛，很快就修好了。

10. 虎丘

清波环绕，山境幽奇，孤立于苏州阊门外平畴田野间的虎丘，素称"吴中第一名胜"、"江左丘壑之表"，苏东坡也说"游苏州而不游虎丘，乃憾事也"。既然谈及虎丘，那就一定要说一说阖闾才行。

阖闾是春秋晚期（公元前五世纪）吴国之君，他命伍子胥建造了阖闾大城，由此拉开苏州历史的帷幕。阖闾去世后，继吴王之位的夫差先"以十万人

图 10-17　普21
《苏州虎丘》

治冢"，穿石凿池，积壤为丘，再"铜椁三重，倾水银为池，黄金珍玉为凫雁"，葬父于阊门外。三日后"有白虎踞其上，故名虎丘"。

　　因为老爸爱剑的缘故吧，传说阖闾下葬时夫差曾以"扁诸"、"鱼肠"等三千名剑殉葬。"吴中四杰"高启有《阖闾墓》诗曰："水银炎海接黄泉，一穴曾劳万卒穿。漫说深机防盗贼，难令朽骨化神仙。空山虎去秋风后，废榭乌啼夜月边。地下应知无敌国，何须深藏剑三千"。让这对父子想不到的是，三千宝剑引来无数英雄竞折腰。卧薪尝胆的勾践灭掉吴国直奔虎丘，一边狠挖阖闾之墓以报曾经的羞辱之仇，一边兴师动众寻剑觅宝，结果自然是望"剑"兴叹了。秦始皇统一中国后也没闲着，派人来虎丘凿石求剑，只是剑未得而成深池，从此就有了没有剑的剑池。唐陆广微在《吴地记》中写道："阖闾葬其下，以扁诸、鱼肠等剑三千殉焉，故剑池名，两崖划开，中函石泉，深不可测"。

　　勾践、始皇找寻不见的阖闾墓门，却被几个才子无意中发现了。明正德七年（1512）苏州大旱，虎丘剑池水涸底现，好奇心的驱使让出游于此的唐寅、文徵明、王鏊等，纷纷踏足池底一探究竟。在剑池北端"剑锋"的位置上，他们找到一个上锐下窄的洞穴，文徵明在《虎丘剑池诗序》里说："得石阙，中空，不知所际"，意思是深不见底。大家估计这就是吴王幽宫之门，便报告给长州县令吾翕。吾翕现场勘探后尽管认同他们的判断，但出于对先人的敬畏并没有组织发掘，而是立即叠石封门保护起来。新中国成立后发现的刻在岩壁上的长州县令等见阖闾幽宫题记和王鏊《吊阖闾赋》，便是吾翕等人目睹墓门却未开启并以土淹没的最好证明。

11. 白马寺

　　创建于东汉明帝永平十一年（68）的洛阳白马寺，是中国佛教的发源地，享有佛教"祖庭"和"释源"之誉。

　　传说永平七年（64）的一天晚上，东汉明帝梦见一位笼罩在金光里的神人，在皇宫大殿前飞来飞去。心中窃喜的明帝正欲走上前去与其攀谈，却陡然梦醒。第二天早朝时，明帝将昨晚所梦诉与大臣。一位叫傅毅的饱学之士说：此乃西方天竺得道之人，能轻举飞身，人称为佛。陛下所梦即为此人。明帝闻知，当即派蔡愔等12人做使臣，西去寻访佛法，这就是中国历史上的第一次官派"西天取经"。

图 10-18　2008-7
《白马寺》

蔡愔等人历经磨难，终于取得真经。永平十年（67），他们用两匹负重的白马驮着佛经和释迦牟尼白毡佛像，与在月氏遇到的来自天竺的摄摩腾和竺法兰两位高僧，一起回到洛阳。在两为高僧的指点下，宫廷画师们摹穆画出了与明帝所梦神人分毫不差的释迦牟尼像，供奉在宫中。不久，明帝降旨在当时的洛阳城西，给两位高僧专门修建了一座寺院，作为翻译佛典，讲经说法的场所。中国第一部汉文佛经《佛说四十二章经》，就是摄摩腾和竺法兰在此译出的，从而使佛教在中国传布开来。为铭记白马驮经之功，寺院就以白马命名了，不想日后成了世界公认的中国第一古刹。驮经的白马死后，明帝把它们厚葬在了白马寺附近，还命雕工按其生前的样子雕出两匹石马，安放在白马寺的山门外，意在让所有进出白马寺的人都能想起它们。只是随着岁月的流逝，今天摆在白马寺山门外的两匹石马，已非汉时原物了。

佛教在中国的传布，不是一帆风顺的。白马寺建成不久，佛教就遭到传入中国的第一次阻击。《广弘明集》卷一是记录此事最早的一部文献，说的是来自五岳十八观和太上三洞的褚善信、费叔才和吕惠通等，率700余道士上表明帝，指斥佛教虚诳，为论真伪愿与"西域胡僧较试优劣"。道士的挑战实际上正中了明帝下怀，因为他在内心里很想弄明白佛教的法力究竟如何，也想证明一下自己作为最高统治者，将外域宗教请进东土的正确性。

大概是本着公开、公平、公正的原则吧，明帝令人在白马寺的南门外夯起两座高大的土丘，把道、佛两家一比高下的时间，定在永平十四年（71）的正月十五。那天道士捧着道教灵宝诸经上了西坛，和尚则捧着佛教《佛说四十二章经》去了东坛。时辰一到，道士、和尚同时用火焚烧各自手捧的经典，只见道经遇火立刻化成灰烬随风而去，遇火不燃的佛经却是"唯见五色祥光火烛"，盘旋如盖将围观的人都遮住了。亲临现场的明帝自然是"叹未曾有"，心中不禁窃喜。可怜的褚善信、费叔才当即就给气死了，吕惠通则随机应变，马上领着道士们弃道从佛了。

白马寺在唐朝进入鼎盛时期，佛教与政治的不正常关系，在东都洛阳掀起空前的宗教热。武则天把持朝政后于垂拱元年（685）下诏大修白马寺，据说当时白马寺的山门已直抵洛水北岸，以致和尚傍晚时分去关山门只能骑马前行，由此才有了"跑马关山门"一说。因为佛寺大多建在远山幽谷，大门就成了山门，其实它的深层之意是"三门"，也是就佛教中的"三解脱门"——空门、无相门和无愿门。

12. 少林寺

和白马寺一样，少林寺也是两位来自印度的高僧——跋陀和菩提达摩的功德。在少林寺山门广场的东西两端，今天仍各自矗立着一座明代微王府捐造的石牌坊。东边这座的横额刻"跋陀开创"，铭的是跋陀开创了少林寺；西头那座的横额镌"大乘胜地"，记的是菩提达摩在少林寺弘扬了大乘禅法。

菩提达摩来中国后，笃信佛教的梁武帝萧衍马上派人恭恭敬敬地将他请到金陵。可不知为什么，这僧俗二人总是说不到一起去，菩提达摩便在十月十九日"潜过江北"，直抵洛阳去了少林寺。后来

图 10-19　1995-14《少林寺建寺一千五百年》

"潜过江北"变成了"一苇渡江"，说是面对波涛汹涌的长江，身处异乡的菩提达摩怎么也找不到渡船，情急之下随手折了一根芦苇扔到江里，踩着它漂过了长江。传说那根芦苇有五片苇叶，禅宗便分成了五派。

图 10-20　1995-23《嵩林晴雪》

一禅以外，让少林寺闻名天下的，还有已成为今日中国乃至全世界"成人童话"的少林功夫。

隋朝末年天下大乱，盘踞在洛阳自立为王的王世充抢了少林寺的田产，几乎断了和尚们的斋饭。颇有些政治远见的住持志操，预感到王世充根本就不可能长久，于是便放手和尚积极投身李渊父子的军事行动，并在一次战斗中活捉了王世充的侄子王仁则，由此还演绎出十三僧救秦王的故事。

明朝时窜扰东南沿海的倭寇，已是国家的心腹大患。以保家卫国为己任的少林寺和尚，组织了一支80余人的队伍，由月空率领于嘉靖三十二年（1553）悄悄来到浙江。七月二十一日，他们与偷偷摸摸爬上岸的一百多倭寇，打了一场猝不及防的遭遇战。倭寇使用的是五尺双刀，挥舞起来"上下四方尽白，不见其人"，常常让数量占优的正规明军都无法招架。少林寺和尚使的是七尺铁棍，横扫一片，竖打一线，禅武的味道十分浓烈。《云间杂志》记有此次战斗的细节："一贼舞双刀而来，月空坐不动，将至，身忽跃起，从贼顶过，以铁棍击碎贼首"。经过10天的持续搏杀，以月空为首的少林寺和尚，用"一虚一实"的动作，以牺牲四人为代价干净利索地全歼了倭寇，创造出一个冷兵器时代国际战争史上的奇迹。

13. 应县木塔

起源于印度的塔，是随着佛教传入东土的。驰名中外的应县木塔是辽代，由田和尚奉皇帝之诏组织修建的。这座我国现存唯一一座辽代楼阁式木塔，外观虽是五层六檐的形式，内部却是九层的。正因为木塔有四个暗藏的辅作

图 10-21　特 21
《应县·释迦塔》

层，才构成既稳固又精巧的八角形框架体系，不仅与每层微微内倾的塔柱承受了塔身重量，还分散并抵消了外来压力，使这座历史最悠久的木塔在风雨和地震中屹立千年。

说起来，应县木塔还是鲁班与妹妹一比高低的结果呢。当然，这不过是个美丽的传说罢了。

一天，鲁班接到玉帝传来的圣旨，让他在东土神州造一座 12 层木塔，作为佛祖下界的行宫。鲁班的妹妹是个好胜心特别强的姑娘，见哥哥要造塔，便开玩笑说："你要是能一夜造好 12 层木塔，我就能做出 12 双绣花鞋，不信咱们就比一比。""比就比，难到我会输给你不成！"鲁班接受了妹妹的挑战。

太阳刚下山，哥俩儿紧锣密鼓地忙开了。待鸡叫头遍，妹妹的 12 双绣花鞋做好了，鲁班也造完了 12 层木塔，不分胜负。只是这座木塔实在是太高太重了，把地下的土地爷都压得喘不上气来。唉，怎么也不能叫土地爷受罪啊！鲁班把手一挥，眨眼的工夫就给塔去掉了 3 层，成了我们今天看到的模样。

14. 六和塔

钱塘江北岸的六和塔，是五代吴越国王钱弘俶为镇钱江潮而建的。有人说塔名"六和"取自佛教《本业璎珞经》中的"六和敬"，意为身和同住、口和

图 10-22　1994-21
《杭州开化寺六和塔》

无争、竞和同悦、戒和同修、见和同解、利和同均。也有人认为"六和"是"六合"的同音别字，即天地、四方，是佛教包容世界万物之意。

"远若素练横江，声如金鼓；近则亘如山岳，奋如雷霆"的钱江潮，在五代时可不是什么气势壮丽的天下奇观，而是为害百姓屡治不绝的江患。钱弘俶的爷爷——吴越国开国之君钱镠，曾动员 20 万民工准备在候潮门和通江门外筑塘，以抵挡江潮的侵袭。开工前，钱镠先是

对天祈祷：愿退一二月怒潮，以建数百年厚业，生民蒙福。然后再跑进胥公祠向潮神祈求：愿息忠愤之气，暂收汹涌之潮。最后他又作了一首后两句为"为报龙王及水府，钱塘借取作钱城"的诗，封在小铁匣里放漂大海，希望能寄到海神那里去。天神、潮神和海神都求到了，可江潮才不管这一套呢，该怎么来还怎么来，气得钱镠当即点兵五百弯弓搭箭，待江潮正猛时万箭齐发射向潮头。说来真是怪，顷刻间潮头一下子就退走了，看来不来点硬的还不行。

当年乾隆爷南巡来到天堂杭州，登临六和塔凭栏眺望钱塘江时，也没忘记顺手给每层题块匾额，自下而上依次题的是"初地坚固"、"二谛俱融"、"三明净域"、"四大宝钢"、"五云扶盖"、"六鳌负载"、"七宝庄严"。他老人家可真能写啊！

15．乐山大佛

艺术之始，雕塑为先。

"山是一尊佛，佛是一座山。带领群山来，挺立大江边"的乐山大佛，是一尊古代摩崖石刻弥勒佛造像。

图10-23　2003-7《乐山大佛》小型张

乐山大佛开凿前，岷江、大渡河和青衣江在凌云山汇合，势不可挡的江水直击山脚，夏秋时节的洪水更是汹涌澎湃，由此形成的漩涡暗流常常倾舟覆楫，造成船毁人亡的悲剧。结庐凌云山的海通和尚目睹惨状甚是不安，便引发了依凌云山栖霞峰，在临江峭壁上修造弥勒坐像的念头。一来使石块坠江以减缓水势；二来也能借佛力来镇水。

经过二十多年的募化，海通终于筹集到一笔款子，可还未开工就有贪婪的地方官来强行索贿。心底无私的海通毫无惧色，怒斥到："目可自剜，佛财难得"！话音未落，"自抉其目，捧盘致之"，吓的这个贪官脚底一抹油——溜了。唐开元元年（713），倾注海通全部心血的乐山大佛动工开凿，可是这项工程实在浩大，海通没有等到大佛落成就圆寂了。后来还是剑南川西节度使韦皋继续征集民工，在朝廷资助下历时 90 年于贞元十九年（803）完成的。

头顶苍穹，足踏三江，远眺峨眉，近瞰嘉州（今四川乐山）的乐山大佛，不仅是我国古代最大的石刻造像，也是世界上最大的石刻坐佛，伟岸的身姿就是一座给往来船只指明方向的航标。因为有一套设计巧妙，隐而不现的排水、隔热和通风系统，从而有效地阻止了乐山大佛的侵蚀性风化，使之虽历经千年风霜，至今仍安坐在滔滔岷江之畔。更为奇妙的是，如果从江对岸远望乐山大佛，乌龙山、凌云山和龟城山竟是一尊天然形成，形态逼真的睡佛，而乐山大佛恰好端处在卧佛的心脏部位，正合了佛教所谓的"心中有佛"、"心即是佛"的禅语。

16. 黄鹤楼

图 10-24　T121《黄鹤楼》

蛇山黄鹄矶的黄鹤楼，是三国时期创建的。《寰宇记》曰："昔费祎登仙，每乘黄鹤于此憩驾，故号为黄鹤楼"。据六朝文字记载，昔日的黄鹤楼耸天峭地，几疑仙宫，因此附会了许多神话故事。

相传很久很久以前，有人在蛇山之巅开了

一家小酒馆，一位道士常来喝上几杯，店主每次都是热情招呼还不收他的酒钱。道士要离开此地去四方云游了，为感谢店主的盛情款待，临走那天用橘子皮在粉白的店壁上画了一只黄鹤，告诉店主说："有喝酒的客人来，你拍拍手，黄鹤就会从墙上飞出来跳舞助兴"。道士走了以后店主一试，黄鹤真的飞出来了，引来好多人来看稀奇，小酒馆的生意也由此变得兴隆了。转瞬间，十年过去了，云游的

图 10-25　《黄鹤楼》邮资信封

道士回到蛇山又进了小酒馆。这回他没有喝酒，而是取出一只铁笛吹了起来，随着悠扬的笛声，墙上的黄鹤飞了出来，然后驮上道士展开双翅飘然而去。黄鹤飞走了，店主拆掉小酒馆建起一座气势磅礴的高楼，取名黄鹤楼。

缥缈于蓝天白云间的黄鹤楼，是文人骚客凭栏远眺、摹景抒怀的绝佳之处。唐诗人崔颢登临黄鹤楼时，为其山光水色所陶醉，即兴题下《七律·黄鹤楼》："昔人已乘黄鹤去，此地空余黄鹤楼。黄鹤一去不复返，白云千载空悠悠。晴川历历汉阳树，芳草萋萋鹦鹉洲。日暮乡关何处是，烟波江上使人愁"。不久，李白也来黄鹤楼一游，大江浩荡，心胸豁朗，不禁诗兴大发。正欲环壁挥毫，忽见崔诗已题其上，唉！只恨自己晚来了一步，"眼前有景道不得，崔颢题诗在上头"，掷笔扬长而去。诗仙一搁笔，崔诗动文坛，黄鹤楼的名声也更大了。

17. 滕王阁

说滕王阁，一定要先聊一聊唐贞观十三年（639）六月被封为滕王的李元婴。

李元婴是何许人？唐高祖李渊二十二子、唐太宗李世民幼弟也。不管是在《旧唐书》中还是在《新唐书》里，滕王李元婴都是品行不端之辈，甚至荒唐到常常"以丸弹人，观其走避为乐"的地步。之所以如此不堪，大概是李唐宫廷残酷的权力之争造成的阴影吧。玄武门之变大哥建成、四哥元吉被杀，随后

图 10-28　2010-11《兰亭序》

亭集序》。这篇选入《古文观止》的序文，虽然没有华丽的辞藻，却是自辟蹊径，清新疏朗；特别是叙事状景，更是自然别致；而抒怀写情，又是朴实深挚。既反映了士人们对现实的无奈和及时行乐思想，又抒发了盛事不常、人生短暂的感慨，也在一定程度上表露出不甘虚度岁月的积极进取意向。

《兰亭集序》又称《兰亭序》，不仅是为人传诵的优美散文，更因其书法造诣俯仰古今，从而达到了内容与形式的高度和谐统一。《兰亭集序》是我们目前能见到的最早、也是最典型的行书作品，字体潇洒流畅，气象万千，尤其是全文 28 行 324 字中的二十多个"之"字，竟无一雷同，堪称中国行书的绝代佳作，被尊为"天下第一行书"。传说王羲之后来又多次写过《兰亭集序》，但艺术成就无论如何都无法超越第一幅，自叹："此神助耳，何吾能力致。"正因为如此缘故，王羲之自己也十分珍爱《兰亭集序》，视之为传家之宝，"留付子孙传掌"。让他没有想到的是，待《兰亭集序》传至其七世孙智永禅师时，历史却和他开了个大大的玩笑。

原来，舍家入道的智永禅师没有子嗣，便在临终前将《兰亭集序》传给了弟子辩才。辩才得此神来之品，自然是"宝惜贵重，甚于禅师在日"。只是此时已是唐贞观年间了，唐太宗李世民也酷爱右军书法，还爱屋及乌地亲为《晋书·王羲之传赞》执笔，称："所以详察古今，研精篆素，尽善尽美，其惟王逸少（王羲之字逸少）乎？……心摹手追，此人而已，其余区区之类，何足论哉。"经过千方百计的搜寻，已求得王羲之书法 3600 纸的太宗，唯独没有神龙见首不见尾的《兰亭集序》，以致整日思慕不已。

巧的是唐代大书法家虞世南与辩才同师智永禅师，他从种种迹象推断《兰亭集序》就在辩才手里，便报告给太宗。太宗闻之当即招辩才入京献宝，可辩才却声称《兰亭集序》早就在战乱里丢失了，弄的太宗也无计可施。还是宰相房玄龄有办法，他让萧翼扮成赶考的秀才，借住在辩才主持的寺院里，装做发奋读书的样子，赚取了辩才的信任。三个月后的一天，萧翼在屋子里挂出一幅从太宗那里带来的王羲之真迹，假装让辩才无意中看到。早就失去警惕的辩才一见果然大喜，两人在论到王羲之书法之精妙时，心痒难耐的辩才不禁评道："你的王书确实好，但比我的还差些。"见萧翼不信，便拿出《兰亭集序》显摆起来。见时机已到，萧翼突然亮出身份，称："奉敕兹遣来取《兰亭》，《兰亭》今得矣，故唤师来取别。"然后回京禀报太宗去了。只是那悔之不及的辩才心中气苦，不久便在忧愤交加中辞世了。

19. 都江堰

源于松潘草地涓涓细流汇成的岷江，从群山狂泻至四川灌县（今四川都江堰市）时，流速急减造成淤积给成都平原造成严重的水患。而枯水时节的岷江流到灌县城西南的玉垒山，又转向南几乎完全绕出了成都平原，带来干旱的危险。

秦国扩张兼并蜀地后，蜀郡都郡守李冰和儿子二郎于秦昭王五十一年（公元前256）汲取前人经验，在"引水以灌田，分洪以减灾"的治水原则指导下，亲率民众兴建起"独奇千古"的"镇川之宝"都江堰，"六字炳千秋，十四县民命食天，尽是此公赐予；万流归一江，八百里青城沃野，都从太守得来"。他总结的"深掏滩、低作堰"，"遇弯截角、逢正抽心"等治水原则，今天仍在使用着。

都江堰是由宝瓶口、鱼嘴和飞沙堰构成的系统水利工程。宝瓶口是内江的引水口，是人工开凿玉

图 10-29 J58-2
《李冰（战国水利家）》

图 10-30 T156
《都江堰水利工程》

垒山成离堆后，通过狭窄的江口来调控进水流量的。李冰在玉垒山开凿宝瓶口时，铁制工具虽然问世了，但质量差得很，数量也是极少的，根本就挖不动坚硬的山石。这可难不倒聪明的李冰，因为他想出一个既省工又省力的法子，就是先在山石上凿出一些相互交错的沟槽，然后堆上柴草纵火焚烧，火熄烟散之后再趁热往沟槽里浇上冰冷的江水。几次下来，不管多硬的山石，都会"啪"、"啪"地爆裂成小小的碎块，把石头搬走就是了。说宝瓶口是凿出来的，倒不如说是烧出来的。

宝瓶口让江水乖乖地向东流去了，可是怎样才能保持一定的流量，充分利用好宝瓶口的分流和灌溉作用呢？李冰决定"壅江作堋"，挖出江里的沙石在江心筑起一道长堤。堤的前端太像鱼嘴了，那就形象地称它为"鱼嘴分水堤"，后来又省了"分水堤"干脆就简称"鱼嘴"了。伸入江心的鱼嘴将岷江分为内外二江，外江是用于泄洪的岷江的正流，而自此长 160 千米的内江即是真正之都江堰，其水通过宝瓶口引入成都平原，灌溉着万亩良田。为保证内江在洪水期间流进宝瓶口的水量不致过大，李冰又在鱼嘴与宝瓶口之间筑起一道飞沙堰，和平水堰一道构成泄洪堰，把将洪水期间内江多余的水量和泥沙通过二堰排向外江，成都平原从此成为"水旱从人，不知饥馑，沃野千里，世号陆海"的天府之国。

20. 灵渠

北有长城，南有灵渠。秦始皇开凿的连接湘漓二江，沟通长江与珠江两大水系的灵渠，不仅是与都江堰比肩的中国古代灌渠，也是世界最古老的运河。

秦始皇二十六年（公元前 221），扫灭六国的秦始皇在"并天下为三十六郡"之后，又派遣 50 万大军兵分五路向岭南进发，攻打百越以平定南方。刘安《淮南子·人间训》载："一军塞镡城之岭，一军守九疑之塞，一军处番禺之都，一军守南野之界，一军结余干之水"。第一路人马进至镡城之岭即今广西兴安越城岭时，遭到百越民族西瓯部落英勇顽强的阻击和神出鬼没的袭扰，他们彻底切断了秦军赖以生存的粮草供应线，迫使"三年不解甲弛弩"的秦军"兵勒湘南，据其咽喉，临融、漓二水间"，建立"秦城"扼要据险。

见岭南久攻不下，秦始皇一眼就看出症结所在，赶紧派史禄疾趋岭南，"以卒凿渠，而通粮道"。可是湘江水量大水位低，漓江水量小水位却高很多，要开渠引湘入漓，首先遇到的就是分水和提水两大困难。史禄是怎么解决的呢？他先在分水塘筑了一道状似犁铧的铧嘴，将水大体三七分开，再用人字形的北南两重石坝即大、小天平，拦腰截断湘江以提升水位，使七成的江水涌进北渠接入湘江，剩余的三成江水则流入南渠注进漓江。史禄还在灵渠修了十八道陡门（唐以后增至三十六道），也就是世界

图 10-31　1998-27《灵渠》

上最早的船闸，以梯次提升水位保证船只顺利通航。宋范成大在《桂海虞衡志》中是这样描述陡门的："渠绕兴安县，深不数尺，广丈余。六十里间置陡门三十六，土人但谓之斗。舟入一斗，则复闸斗，伺水积渐进，故能循崖而上，千斛之舟亦可往来。治水巧妙，无如灵渠者"。

秦始皇三十三年（公元起214）灵渠凿通了，由此北上入湘江经洞庭湖可达长江，南下则进漓江通珠江远至云贵。有了覆盖半个中国的水运网，秦始皇的底气就足了，竭全国之兵，征中原之粮，一举击败阻挡他前进的西瓯部落，将收服的岭南统一划为桂林、南海和象郡三郡。

史禄依秦始皇之命开凿灵渠是有史可据的，可当地的百姓却不这么认为，在他们的心目中灵渠是三将军修的。第一位将军设计了灵渠，遗憾的是他还没来得及想出解决湘漓两江高达数丈的水位差的办法，就被暴虐的秦始皇杀害了。第二位将军发明了陡门，但在规定的竣工日期没有解决分水问题，也被秦始皇杀害了。第三位将军临危受命，在前两位将军事业的基础上，终于修好了灵渠。看到运送粮草的船队源源不断地开往岭南，秦始皇可高兴了：

封官、赐赏。不料，这位将军既不要官也不领赏，而是请皇上开恩给前两位死去的将军平反昭雪，说他们才是修灵渠的功臣。秦始皇怎么会认错，他恶狠狠地吐出一个字：杀！第三位将军也被秦始皇杀死了。一起葬在秦堤旁的粟家桥。

明朝末年，旅行家徐霞客来到兴安，在《徐霞客游记》中写道："至兴安万里桥。桥下水绕北城西去，两岸巨石，中流平而不广，即灵渠也，已为漓江，其分水处尚在东三里"。游记中横跨灵渠"步行一万里，纵观两千年"的万里桥，原是一座又窄又小的木桥。唐朝时桂林观察使李渤修浚灵渠，让兴安县令顺手把木桥改成石桥。这县令名禹三，平日里总想着流芳百世，石桥落成他觉着机会来了，便以自己的名字给桥题了名——"禹三桥"。百姓们当然不服了，就趁夜暗在禹字上加了个草字头，又把三字多加了几笔改成"里"字。第二天，心里暗自得意的县令陪着李渤来给新桥揭幕，一看"禹三桥"变成了"万里桥"，当即羞得无地自容，李渤笑着劝道："从此到京师长安，正好一万里，还是这名字好。"县令听李渤如此一说，也只有唯唯诺诺点头称是了。

21. 赵州桥

短命的隋朝修了一座长寿的赵州桥。

"百尺高虹横水面，一弯新月出云霄"。赵州城南洨河上的赵州桥大名安济桥，百姓们形象地称它为大石桥。这座建于1400年前石拱桥，经历了日复一日的车碾马踏，年复一年的洪水冲啮，不时袭来的地震摇撼，都没有使它伤筋动骨，成了名副其实的世界"桥王"和"寿星"。

建造赵州桥的是"石工李春"，因为桥下出土的石刻写得清清楚楚。李春建根据实践经验考虑到洨河的地质和水文情况，把赵州桥建造成一座不设桥墩的单拱石桥，既解决了基础松软的难题，又便于排泄汛期的洪水。他在赵州桥上创造的"敞肩拱"，就是在大拱的两肩又砌了四个并列的小拱，不

图 10-32　特 50《赵县安济桥》

仅节省石料减了自重，河水暴涨时还可以增加过水量以缓解水流对桥身的冲击。同时，拱上有拱的形式再加上俊秀的石雕桥栏，也让赵州桥的造型在视觉上更美观了，成为一件兼顾了水路船舶和陆路车马的实用艺术品，李春也因此在民歌《小放牛》中成了与鲁班齐名的圣人："赵州石桥鲁班爷爷修，玉石栏杆圣人留。张果老骑驴桥上走，柴王爷推车压了一道沟"。

图 10-33
2003 中国台湾
《八仙过海·张果老》

在赵州城西的清水河上，还有一座俗名小石桥的永通桥。相传鲁班和妹妹周游天下走到赵州时，给白茫茫的洨河拦住了去路。鲁班跟妹妹商量咱修一座桥吧，妹妹听了却说要修就一人修一座，赛一赛谁修得快，谁修的漂亮。还立下了规矩：天黑出星星动工，鸡叫头遍收工，不许耍赖。话音刚落妹妹就奔了城西，在清水河急急忙忙动起手来，没出三更还真把小石桥造好了。志在必得的妹妹觉着胜券在握了，便不慌不忙地来到城南洨河，一看甭说桥了连鲁班也没了踪影。正纳闷着，就见一个人赶只一群羊，从远处的太行山下来了。咦，那赶羊的不是鲁班吗？定睛细瞅，鲁班赶的哪儿是羊啊，分明是一块块云朵一样白、

图 10-34　2008-2
《朱仙镇木版
年画·满载而归》

玉石一样润的石料。也就是一眨眼的工夫，这些石料已经像彩虹似的一下子落在洨河上，变成了漂亮的大石桥。唉，他又赢了。

鲁班一夜之间修了大石桥，这事儿不知怎么被蓬莱仙岛的张果老听说了。有一天，他约上神仙柴王爷，一个倒骑着小毛驴，一个推着独轮车，一起去赵州想看个究竟。说来也巧，他们走到赵州桥的时候，鲁班也在桥上和大伙聊天呢。张果老见了，便偷偷施了法术调来太阳和月亮，一边一个放在驴背上的褡裢里，又给柴王爷使了个眼色，让他把五岳搬来装到独轮车上，然后相视微微一笑上了桥。太阳、月亮和五岳加在一块多重呀，眼瞧着大石桥就晃悠起来了，鲁班见势不好一翻身跳到桥下，举起双手托住桥身总算稳住了大石桥，让两位仙人安然无恙地过去了。直到今天，赵州桥的桥面上还有张

果老骑驴踩的驴蹄印和柴王爷推车压的车道沟呢。只是这驴蹄印和车道沟都是李春设计的标记，驭手见了驴蹄印，知道要爬坡了，要扬鞭策马；车道沟是告诉驭手大车千万不要偏向，只有走中间才是安全的。李春想得可真周到啊。

22. 卢沟桥

提起声名显赫的卢沟桥，就会想起三个词：狮子、晓月和抗战。

金代在中都遗存下的建筑屈指可数，横卧在永定河上建于金大定二十九年至明昌三年（1189—1192），被西方誉为"马可·波罗"桥的卢沟桥是其中的一个。这座饱经八百年风雨洗礼的石联拱桥，在 20 世纪 80 年代中期以前，还是京城西南方向唯一的交通孔道，承载着沉重车轮的碾压。最令人惊奇的是 1975 年的时候，一辆 400 多吨的大型平板车，还从卢沟桥上开了过去。与今天那些钢筋水泥的桥脆脆们一比，卢沟桥真不愧是桥坚强啊。

图 10-35　2003-5《卢沟桥》

还是说卢沟桥的狮子吧。卢沟桥的狮子数量之多，雕刻之美，恐怕还无望其项背者。特别是桥栏望柱上的狮子，往往是大狮子身上又雕了许多小狮子，无不活灵活现栩栩如生的样子。它们有的老老实实地趴在大狮子的背上，有的藏在大狮子的怀里顽皮地露出一个小脑袋，更有大胆的正蹲在那里戏弄着大狮子脖子上挂的铃铛……想数清它们有多少可得仔细点，

图 10-36　1992 中国台湾《中国石狮》

因为一不留神就会落下几只，于是便有了京城广为流传的歇后语"卢沟桥的狮子——数不清"。

传说宛平县有一年新来了一位县太爷，听百姓们说卢沟桥的狮子数不清，很是不以为然。一天，他在衙门处理完公务，便带着几个喽啰上卢沟桥数狮子玩去了，可喽啰们数来数去，数出来的数字总是碰不上，若得县太爷大为恼火。这会儿天已经晚了，县太爷让喽啰点上火把，想照个亮自己去数个明白。不想刚一上桥他就傻眼了，原来桥上的石狮子都活了，正活蹦乱跳满世界打滚儿玩呢，哪儿数得过来呀。卢沟桥的狮子真数不清吗？非也！北京市文物工作队一只一只地数过了，加上桥头华表顶端的狮子，一共是485只。

旧时进出北京的仕宦商旅，八成都要走时称彰仪门的广安门。如此一来，卢沟桥就成了必经之路。晓行夜宿的行人行至卢沟桥，正是晓星已没、淡月微痕之时。长桥古道上的人们在老马的嘶鸣和叮当的驼铃声中，凭栏远眺，月暗星稀下的远山如黛，浑河似线，顿生难以忘怀之情。清乾隆帝奉太后谒泰陵，銮驾至卢沟桥也是晨光熹微之际，薄雾疏星、晓风残月、波光狮影，当即提笔御书"卢沟晓月"四字，现在刻有其诗其字的石碑，还完好无损地矗立在桥畔的御碑亭里。

参考文献

［1］陶立璠. 民族民间文学理论基础. 中央民族学院出版社，1990.

［2］乌丙安. 民间文学概论. 春风文艺出版社，1980.

［3］【美】斯蒂 · 汤普森. 世界民间故事分类学. 上海文艺出版社，1991.

［4］朱宜初，李子贤. 少数民族民间文学概论. 云南人民出版社，1983.

［5］《儿童文学概论》编写组. 儿童文学概论. 四川少年儿童出版社，
　　1982.

［6］黄文，鲍志娇. 中国神话. 中国林业出版社，2007.

［7］何虎生. 中国民间故事. 中国世界语出版社，1999.

［8］段宝林，祁连休. 民间文学词典. 河北教育出版社，1988.

邮票图说系列丛书

定价：56.00 元

本书以航空和邮政史实为主线，结合邮票、封、片的信息讲述世界航空发展的历史。以时间为序列，依航空发展阶段设立篇章，以航空知识和集邮知识融合的视角精选上百个国家和地区 900 余枚邮品素材。

定价：50.00 元

著名英国科学家李约瑟博士认为，中国"在 3 世纪到 13 世纪之间保持一个西方所望尘莫及的科学知识水平"，现代西方世界所应用的许多发明都来自中国，中国是一个发明的国度。你想了解这些吗？就请打开本书吧！

定价：43.00 元

本书集知识性、趣味性于一身，在方寸之间向读者展示了世界航天事业 50 年来的发展和变化。内容翔实，能为不同年龄段、不同知识层次的读者所接受。

定价：43.00 元

获得 2008 年奥林匹克博览会集邮展览"镀金奖"

为纪念每届奥运会而印发的奥运纪念邮票也成了奥林匹克历史、奥林匹克运动本身发展至今的唯一见证"人"，你想见识一下这位历经沧桑、学识渊博的"奥林匹克百岁老人"吗？那就请去咨询一下本书吧，它定会让你满载而归。

定价：43.00 元

获得 2009 年北京世界邮展"镀银奖"

音乐是人类文化的精粹，历史是人类文化的根基，漫漫万年人类文明孕育的精神奇葩——音乐在历史中又是如何走过了其漫长的岁月，本书以精美的邮票图片向世人展示了西方音乐悠久的发展历史。

定价：52.00 元

世界遗产专题邮票吸引越来越多集邮爱好者的"眼球"。本书作者选用了 188 项世界遗产的 582 枚专题邮票，共涉及 76 个国家和地区，内容丰富多彩，图片珍贵精美，是一本不可多得的有收藏价值的图书。

定价：49.00 元

恐龙家族庞大，尽管恐龙邮票诞生的时间不长，但也丰富多彩，琳琅满目。该书是一部全面介绍恐龙基本知识、恐龙邮票发行情况的科普读物，是恐龙专题集邮爱好者不可多得的参考书。

定价：55.00 元

一幅幅美丽的昆虫邮票不仅向我们展现了昆虫的神奇和魅力，还诉说了邮票的韵味和发展历程。在邮品中与昆虫对话，听一听尚未知晓的故事，聊一聊昆虫和人类的情节，会使人感到其乐无穷。

定价：53.00 元

本书将集邮文化与服饰文化熔为一炉，使邮票与服饰的知识性、趣味性、观赏性有机结合在一起，相得益彰。作为集邮、藏研服饰邮票是一个专题。作为服饰，通过邮票加以渲染，展现中外服饰的演变，使多姿多彩的服饰文化一览无遗。

邮票图说系列丛书

定价: 50.00 元

中国民俗具有多元化、传承性和群众性。每个人都与民俗有关，每个人都生活在民俗中。本书以人文邮票题材为专题，从物质民俗、节庆民俗、礼仪民俗、精神民俗、民间民俗等方面，通过精美的方寸天地展示中国民俗的多彩风貌。

定价: 53.00 元

建筑是人类智慧的结晶，是凝固的艺术。从邮票里的建筑，读者可以窥视人类文明的起源和进程，欣赏世界各地建筑的美与形。

定价: 50.00 元

花卉从来都是最爱，咏花抒怀，寄情。本书汇集了各国精美的花卉既让人了解花卉又让人欣赏花卉芳

定价: 43.00 元

飞机翔翔蓝天，携人远行，承载货物，还可探测、救护、播种……书中的邮票为读者娓娓道来民用航空的起源、发展和诸多实用知识。

定价: 50.00 元

宠物是人的精神寄托和好朋友，让人开心，让人爱怜。一枚枚邮票细说了宠物的种类，使可爱的宠物跃然纸上，让人爱不释手。

定价: 48.00 元

舟船载人承物舰烟火争锋。从独木到航空母舰，小小票都有记录，从中可以领略历史的脉战争的风云。

定价: 55.00 元

从人力车到高速列车，轮子带给我们的不仅是车速的加快，社会的发展；还有很多美好的往事的回忆。本书通过邮票帮我们找回了那些悄然消失的身影。

定价: 55.00 元

我们常常惊叹钻石的魅力四射，钦慕翡翠的晶莹剔透，殊不知这些华丽与惊艳却在方寸之地展示得淋漓尽致。本书通过邮票让世间最美的宝石走到一起来。

定价: 55.00 元

中国航空的历史是一部由灿若星辰代航空、艰难坎坷代航空和突飞猛进现代航空组成的冲篇章。本书通过航品，以"图说"的方再现了历史的真实。

定价: 58.00 元

有着亿万年的进化历史的鱼类，形态各异、色彩缤纷、本领奇特。本书通过一枚枚的邮票向我们展示了丰富多彩的鱼类世界。

定价: 58.00 元

哺乳动物作为与人类关系最密切的动物门类，其邮票深受大众喜爱。本书不仅全方位展示了哺乳动物的生活，附录部分收录的拉丁文属种名索引增添了其学术价值。

定价: 58.00 元

《牛郎织女》《伯与祝英台》《精海》等民间故事千古传，我们为主人公讴被主人公感动，自己生活也与其一起变彩。翻开本书，也许多的精彩等着你去发现